Linus Johansson

———

Morpheus MusicCity

Handbuch zum FileSharing im Internet

Linus Johansson:
Morpheus MusicCity: Handbuch zum FileSharing im Internet
Book on Demand, 2001.

Herstellung: Books on Demand GmbH
ISBN 3-8311-2694-1

Inhaltsverzeichnis

Kapitel 1

Einleitung und Überblick

Was ist FileSharing?

Der Gedanke des FileSharing ist sehr einfach: Jeder Nutzer stellt ausgewählte Dateien von seiner Festplatte der FileSharing-Community zur Verfügung, die dadurch von jedem anderen Mitglied dieser „Community" heruntergeladen werden können. Indem jeder Teilnehmer jeweils einige Dateien bereitstellt, ist im gesamten Netzwerk schnell eine riesige Auswahl unterschiedlicher Dateien verfügbar. Da die Übertagung von Dateien in einem solchen FileSharing-Netzwerk direkt von einem Benutzer zum anderen erfolgt, wird auch von Peer-to-Peer-Sharing (P2P-Sharing) gesprochen. Freilich ist dabei jeder Datei-Download ein Kopiervorgang, so dass nach dem Herunterladen einer Datei beide beteiligten Nutzer (die Quelle und das Ziel des Downloads) über die betreffende Datei verfügen. Insoweit ist der Begriff des „Sharing" irreführend, denn die betreffenden Dateien werden weder geteilt noch getauscht: Der Benutzer, der eine Datei bereitstellt, muss nichts hergeben und auf nichts verzichten, so oft diese Datei auch von seiner Festplatte heruntergeladen wird.

Es gibt inzwischen eine große Anzahl unterschiedlicher FileSharing-Netzwerke, und die Teilnahme an einem solchen FileSharing-Netz ist in aller Regel denkbar einfach. Man benötigt eine spezielle Software, die zumeist aus dem Internet heruntergeladen werden kann. Aufgabe dieser Software ist es vor allem, die Verbindung zum jeweiligen FileSharing-Netz herzustellen und anschließend die Suche nach Dateien sowie deren Download zu organisieren und durchzuführen. Ist die notwendige Software installiert, wird beim Aufrufen des entsprechenden Programms eine Verbindung zum jeweiligen FileSharing-Netz aufgebaut. Nun muss der Benutzer, wenn er eine Datei sucht, nur noch einen geeigneten Suchbegriff eingeben; die so formulierte Suchanfrage wird anschließend je nach Aufbau des FileSharing-Netzes entweder an einen zentralen Server übermittelt oder sukzessive zwischen den einzelnen Teilnehmern des Netzwerks weitergereicht. In beiden Fällen wird entweder zentral oder dezentral geprüft, ob und ggf. wo die gesuchte Datei im Netz vorhanden ist, so dass der Benutzer auf seine Suchanfrage nach kurzer Zeit eine entsprechende „Trefferliste" erhält. Aus dieser Trefferliste kann er nun auswählen, welche der gefundenen Dateien er herunterladen möchte. Sobald er die gewünschten Dateien ausgewählt hat, wird der Download gestartet.

Eigenschaften von Morpheus MusicCity

Das FileSharing-System Morpheus MusicCity basiert auf zwei Komponenten, dem Anwendungsprogramm Morpheus und dem Netzwerk MusicCity. Das Programm Morpheus ist eine Art Suchmaschine, die speziell auf die Suche nach Mediendateien wie Audio-, Video- und Bilddateien ausgerichtet ist und eine übersichtliche und einfach zu bedienende Benutzeroberfläche bietet. Wer am FileSharing-System Morpheus MusicCity partizipieren möchte, lädt sich einfach das Programm Morpheus aus dem Internet herunter, installiert dieses auf seinem PC und wird anschließend automatisch Bestandteil des Netzwerks, sobald das Programm Morpheus gestartet wird und sich über das Internet mit dem MusicCity-Netz verbindet. Daraufhin lässt sich mit Hilfe von Morpheus das gesamte MusicCity-Netz gezielt nach Dateien jeder Art durchsuchen. Dabei basiert MusicCity auf demselben Netz wie das ebenfalls bekannte FileSharing-System KaZaA. Durch die weite Verbreitung von Morpheus MusicCity führt auch die Suche nach ausgefallenen Dateien oftmals zu positiven Resultaten. Darüber hinaus verfügt Morpheus MusicCity über folgende Eigenschaften und Technologien, die das FileSharing recht unkompliziert und angenehm machen:

- *Alle Dateiformate.* Über Morpheus MusicCity können grundsätzlich alle Arten von Dateien getauscht werden, die Benutzeroberfläche von Morpheus ist jedoch speziell auf den Austausch von Mediendateien wie Audio-, Video- und Bilddateien ausgerichtet und bietet für die Suche nach derartigen Mediendateien recht differenzierte Suchoptionen. Die Tatsache, dass alle Dateiformate getauscht werden können, impliziert allerdings auch die Gefahr einer Übertragung von Viren, siehe hierzu weiter unten.

- *SmartStream.* Morpheus setzt die so genannte SmartStream-Technologie ein. Diese ermöglicht es zum einen, eine Datei von mehreren Quellen gleichzeitig herunterzuladen, wodurch der Download-Vorgang oftmals erheblich beschleunigt wird. Zum anderen können durch den Einsatz der SmartStream-Technologie abgebrochene Downloads wieder aufgenommen und fortgesetzt werden. Dies ist sehr hilfreich, wenn die Verbindung zu einer Dateiquelle vor Abschluss des Downloads abbricht, etwa weil der betreffende Benutzer das MusicCity-Netzwerk verlässt; sobald diese oder eine andere Quelle der gleichen Datei wieder verfügbar ist, wird der Download dann automatisch fortgesetzt. Zudem hat man als Anwender selbst die Möglichkeit, einen Download zu unterbrechen und später während derselben oder auch erst in einer neuen Sitzung wieder aufzunehmen. Auch muss man aufgrund der SmartStream-Technologie kein allzu schlechtes Gewissen mehr haben, wenn man das Netz verlässt, während andere Benutzer Dateien von einem selbst herunterladen, da die bereits übertragenen Daten für die betreffenden Benutzer nun nicht mehr verloren sind, sondern deren Download entweder ohne Unterbrechung von anderen Quellen fortgesetzt oder später wieder aufgenommen werden kann.

- *Metadaten.* Oftmals werden für Dateien zusätzliche Dateiinformationen in Form so genannter Metadaten bereitgestellt. Diese Daten sind nicht Bestandteil der originären Datei, sondern quasi an diese angehängt, bilden aber im technischen Sinne gemeinsam mit dem eigentlichen Dateiinhalt nur eine Datei. So besteht beispielsweise der originäre Dateiinhalt einer mp3-Datei etwa in der digitalen Abbildung eines Musikstücks, in Form von Metadaten (die im Fall von mp3-Dateien als *ID3 tags* bezeichnet werden) können aber zudem ergänzende Dateiinformationen wie der Titel des Musikstücks, der Name des Interpreten sowie des Albums etc. abgespeichert werden. Morpheus ist in der Lage, derartige Metadaten zu lesen, und ermöglicht dem Benutzer auch die Bearbeitung dieser Daten. Dadurch kann die Dateisuche oftmals sehr viel präziser durchgeführt werden, da nicht nur nach Dateinamen, sondern gezielt nach Interpreten, Titeln etc. gesucht werden kann.

- *Abspielen von Titeln während des Downloads.* Durch einen integrierten Player lassen sich Audio- und Video-Dateien bereits abspielen, während sie noch heruntergeladen werden. Dies ist insbesondere bei einer Suche nach nicht vollständig bekannten Titeln sehr hilfreich, da in diesem Fall bereits nach dem Herunterladen eines kleinen Teils der Datei geprüft werden kann, ob sich die Fortsetzung des Download-Vorgangs lohnt.

- *Qualitätsbeschränkung bei mp3-Dateien.* Eine Besonderheit beim Tauschen von mp3-Dateien über Morpheus MusicCity besteht darin, dass Morpheus in der Version 1.3 Dateien, die mit einer Bitrate von über 128 Kbit/s aufgezeichnet wurden, zu unterdrücken versucht und keine Optionen zur Suche nach derartigen Dateien anbietet. Diese Einschränkung mag zur Begrenzung des Datenvolumens sinnvoll erscheinen vor dem Hintergrund, dass die Größe einer Musikdatei mit der Aufnahmequalität und damit der Bitrate ansteigt, ist aber für den Benutzer sehr ärgerlich, da eine gute Klangqualität erst bei 128 Kbit/s anfängt und eine sehr gute Klangqualität sicherlich höhere Bitraten erfordert. Im Ergebnis gelingt es durch die Beschränkung jedenfalls nur selten, im MusicCity-Netz mp3-Dateien zu finden, die mit einer besseren Qualität als 128 Kbit/s aufgenommen wurden. Allerdings gilt diese Beschränkung nicht für Anwender, die Morpheus in einer früheren Version als 1.3 installiert haben. Auch Anwender, die ursprünglich eine frühere Version installiert hatten und diese durch die Version 1.3 überschrieben haben, können oftmals weiterhin gezielt nach Dateien mit Aufnahmequalitäten bis zu 320 Kbit/s suchen. Aber auch für Benutzer, die der beschriebenen Einschränkung unterliegen und nur nach Dateien mit einer Qualität bis zu 128 Kbit/s suchen können, sei darauf hingewiesen, dass sich diese Beschränkung durch einen „Trick" ausschalten lässt, siehe hierzu Abschnitt 4.3, S. 44.

- *Werbeeinblendungen.* Wer Morpheus verwendet, muss damit leben, das während der Benutzung von Morpheus permanent Werbung eingeblendet wird. Allerdings werden hierzu anders als bei vielen anderen FileSharing-Anwendungen keine zusätzlichen Programme (die oftmals als Adware bezeichnet werden) installiert; vielmehr sind diese fest und untrennbar in das Programm Morpheus integriert. Die Werbeeinblendungen erfolgen permanent in Form von Bannern innerhalb des Morpheus-Programmfensters und zusätzlich von Zeit zu Zeit in eigenen Popup-Fenstern, die dann entweder ausgeblendet oder geschlossen werden können.

MusicCity: Dezentrales Netz mit lokalen Zentren

Bei MusicCity handelt es sich um ein so genanntes verteiltes oder auch dezentrales Netzwerk, denn es gibt keinen zentralen Server, der etwa die Informationen über die im Netz vorhandenen Dateien verwaltet. In einem solchen verteilten Netz ist auch jeder einzelne Client ausschließlich mit einigen benachbarten Clients und eben nicht mit einem zentralen Server verbunden. Dies hat weitreichende Implikationen für die Dateisuche in einem solchen Netz: Sucht ein Benutzer nach einer Datei, so gibt es keine zentrale Instanz, die definitiv Auskunft darüber gegeben kann, ob und ggf. wo diese Datei im Netz zu finden ist. Vielmehr muss eine entsprechende Suchanfrage zwischen den einzelnen Clients des Netzwerks sukzessive weitergereicht werden. Jeder einzelne Client prüft dann, ob die gesuchte Datei bei ihm vorhanden ist, und übermittelt die Suchanfrage zudem an „benachbarte" Clients, so dass grundsätzlich nach und nach alle Teilnehmer des Netzes befragt werden können, auch wenn in praxi oftmals nicht tatsächlich alle Clients von jeder Suchanfrage erreicht werden, sondern eine Dateisuche auf eine mehr oder weniger zufällige Auswahl der Teilnehmer des Netzes beschränkt bleibt. Wenn sich die Datei tatsächlich auf einem Client findet, sendet dieser eine Antwort an den suchenden Teilnehmer, und dieser kann bei Bedarf eine direkte Verbindung zur gefundenen Dateiquelle aufbauen und die Datei von dort herunterladen, vgl. auch Abbildung 1.

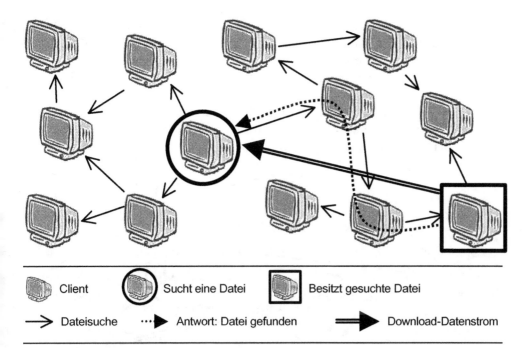

Client   Sucht eine Datei   Besitzt gesuchte Datei

→ Dateisuche   ···▶ Antwort: Datei gefunden   ⟹ Download-Datenstrom

Abbildung 1: FileSharing in einem dezentralen Netz.

Das MusicCity-Netzwerk weicht allerdings in einem zentralen Punkt von diesem allgemeinen Aufbau verteilter Netze ab. So fungiert im MusicCity-Netz nicht tatsächlich jeder einzelne Client zugleich als Suchserver, sondern es werden nach einem vorgegebenen Algorithmus automatisch einzelne Clients, die über eine besonders hohe Rechenleistung sowie eine gute Verbindung zum Netz verfügen, als lokale Suchserver ausgewählt. Jeder „normale" Client ist daher auch nicht mit mehreren Nachbarclients, sondern ausschließlich mit dem nächstgelegenen lokalen Suchserver verbunden, während die Suchserver selbst untereinander ein verteiltes Netzwerk in der oben beschriebenen Weise bilden. Die von MusicCity als *SuperNodes* bezeichneten lokalen Suchserver verwalten die Informationen über die von den mit ihnen verbundenen „normalen" Clients bereitgestellten Dateien und wickeln die gesamte Dateisuche innerhalb des Netzes ab. Sucht also ein normaler Client nach einer Datei, wird die entsprechende Suchanfrage an den benachbarten SuperNode gesandt; dieser prüft zum einen, ob die Datei auf einem von ihm verwalteten Client (bzw. bei ihm selbst) zu finden ist und leitet die Suchanfrage zudem an die mit ihm unmittelbar verbundenen Nachbar-SuperNodes weiter, die wiederum zum einen prüfen, ob die Datei bei ihren Clients zu finden ist, und zum anderen die Suchanfrage an ihre Nachbar-SuperNodes weiterleiten etc. Wird eine Datei von einem SuperNode gefunden, sendet dieser eine entsprechende Erfolgsmeldung an den suchenden Client, und dieser kann wie oben beschrieben eine Verbindung zu dem die Datei bereitstellenden Client aufbauen und die Datei von dort herunterladen; dieses Schema ist in Abbildung 2 skizziert. Der Ansatz, die Dateiverwaltung und -suche ausschließlich über ausgewählte, leistungsstarke Clients abzuwickeln, dient vor allem dem Ziel, den durch Suchanfragen verursachten Datenverkehr im Netz zu verringern und weniger leistungsfähige Clients, bei denen der durch Suchanfragen generierte Datenverkehr einen erheblichen Anteil der Kapazitäten wie insbesondere der verfügbaren Bandbreite in Anspruch nehmen kann, zu entlasten.

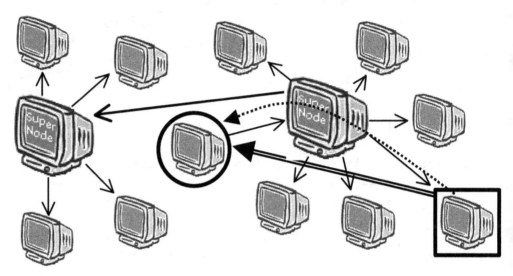

Abbildung 2: FileSharing im Morpheus MusicCity-Netz.

Anmerkungen zur Sicherheit beim FileSharing

Wer an anonymen FileSharing-Systemen wie Morpheus MusicCity teilnimmt, tut in gewisser Weise etwas unfassbares, da er zum einen seine eigenen Dateien vollkommen fremden Personen zur Verfügung stellt und diesen damit einen – wenn auch beschränkten – Zugriff auf die eigene Festplatte gewährt und sich zum anderen von ebenfalls unbekannten und damit nicht notwendigerweise vertrauenswürdigen Quellen Dateien zur eigenen Nutzung herunterlädt. Eine derartige Praxis birgt zwangsläufig vor allem zwei Arten von Gefahren in sich; so ist es zum einen möglich, dass anderen Benutzern versehentlich oder durch Missbrauch ein zu weit reichender Zugriff auf die eigenen Dateien bzw. das eigene System gewährt wird, und zum anderen besteht die Gefahr, dass gemeinsam mit den von anderen Benutzern heruntergeladenen Dateien auch Viren eingefangen werden, die das eigene System infizieren. Durch eine entsprechend umsichtige Verhaltensweise lassen sich jedoch die daraus erwachsenen Risiken begrenzen:

▪ *Schutz vor Viren.* Mit Morpheus MusicCity können alle Arten von Dateien und somit auch reine Viren- oder virenbehaftete Dateien getauscht werden. In der Praxis zeigt sich zudem recht schnell, dass der versehentliche Tausch von Viren nicht nur eine mehr oder weniger abstrakte Gefahr ist, sondern tatsächlich zahlreiche Viren in dem Netz kursieren. Daher sollten Sie bei der Nutzung von FileSharing-Systemen generell folgende Zusammenhänge beachten: Viren können als eigenständige Dateien oder im Paket mit anderen, gewünschten Dateien auftreten. Potenziell gefährlich sind vor allem ausführbare Dateien sowie insbesondere auch Skript-Dateien. Diese lassen sich jedoch häufig an der Namenserweiterung erkennen. So sollten Sie generell vorsichtig sein bei Dateien mit Namenserweiterungen wie *.exe, .scr, .ocx, .dll .vbs, .com, .pif* oder *.bat*. Im Paket mit anderen Dateien können Viren vor allem dann auftreten, wenn diese Dateien selbst Makros oder Skripte enthalten können, wie dies etwa bei Microsoft Word- und Excel-Dokumenten der Fall ist. Dateien dieser Art, die geradezu prädestiniert dazu sind, Viren zu enthalten, sollten nicht in anonymen FileSharing-Systemen getauscht werden. Um es deutlich zu sagen: Wer sich eine *.exe* oder *.vbs*-Datei von unbekannten Quellen herunterlädt und ungeprüft ausführt, darf sich nicht wundern, wenn der eigene Rechner sehr bald unter einem Virus zu leiden hat. Als unbedenklich gelten hingegen reine Datendateien wie etwa MP3-Audiodateien oder Bilddateien im JPG- oder GIF-Format.

Zu beachten ist jedoch, dass sich Viren gerne zu tarnen versuchen, indem Sie einen harmlosen Eindruck erwecken. Hierzu verwenden Sie täuschende Dateinamen (natürlich wird jemand, der einen Virus verbreiten will, die betreffende Datei nicht *Virus.vbs* oder gar *VorsichtVirus.exe* nennen) sowie zum Teil doppelte Namenserweiterungen, so dass etwa Dateinamen wie *beethovensinfonie9.mp3.vbs* oder *madonna.jpg.com* zustande kommen. Die harmlos wirkende Dateiendung wie *.mp3* oder *.jpg* hat dabei jeweils den Zweck, den Nutzer über das Dateiformat zu täuschen und ihn zu einem versehentlichen Herunterladen und Ausführen derartiger Dateien zu veranlassen. Zudem wird zum Teil auch die Dateigröße an den vorgegebenen Inhalt angepasst. So benötigen reine Virendateien oftmals nur einen Speicherplatz von wenigen Kilobyte; da aber jede Musikdatei wesentlich mehr Speicherplatz benötigt, werden Virusdateien zum Teil aufgebläht, um sich nicht durch die geringe Größe zu verraten. Es ist also erforderlich, die Dateien, die man in FileSharing-Netzen herunterlädt, genau zu prüfen, insbesondere anhand des Dateinamens einschließlich der Namenserweiterung. Dies muss nicht zuletzt bei der Verwendung von Morpheus mit Nachdruck betont werden, da Morpheus per Voreinstellung für die im Netz gefundenen Dateien an erster Stelle Angaben über den vermeintlichen Inhalt der Dateien ausweist und erst an weniger prominenter Stelle den eigentlichen Dateinamen, vgl. hierzu Abschnitt 4.2.

Sollten Sie versehentlich eine potenzielle Virendatei heruntergeladen haben, weil Sie sich etwa von dem Dateinamen haben täuschen lassen und zunächst nicht auf die Namenserweiterung geachtet hatten, sollten Sie die betreffende Datei unbedingt löschen und in keinem Fall ausführen. Um sich darüber hinaus vor Viren zu schützen, empfiehlt es sich generell, ein leistungsfähiges Anti-Viren-Programm einzusetzen, dass freilich zudem stets auf dem neuesten Stand gehalten werden muss.

- *Schutz vor zu weit reichendem Zugriff von außen.* Wer an einem FileSharing-System partizipiert, stellt den anderen Benutzern selbstverständlich nicht seinen gesamten Festplatteninhalt, sondern lediglich ausgewählte Dateien zur Verfügung. Dabei werden generell einzelne Verzeichnisse freigegeben, auf deren Inhalte andere Benutzer zugreifen können, während alle übrigen Verzeichnisse für den Zugriff von außen gesperrt bleiben. Es ist daher unbedingt geboten, sorgfältig darauf zu achten, dass tatsächlich die richtigen Verzeichnisse freigeschaltet werden und diese ausschließlich Dateien enthalten, die Sie anderen Benutzern zur Verfügung stellen möchten. Diese Hinweise wirken trivial, ihre versehentliche Nichtbeachtung kann aber weitreichende und gravierende Folgen haben. Wie Sie mit Hilfe von Morpheus festlegen, welche Dateien von anderen Benutzern heruntergeladen werden können, ist in Kapitel 6 beschrieben.

Neben einem von Ihnen versehentlich zugelassen aber unerwünschten Dateizugriff besteht grundsätzlich auch die Gefahr, dass ein „Hacker" unbefugt in Ihr System eindringt. Gegen solche unbefugten Zugriffe schützt man sich mit Hilfe einer so genannten Firewall, die den Datenverkehr kontrolliert und nur „erwartete" Datenströme hereinlässt, während nicht erwartete Zugriffe abgeblockt werden. Ob man einen derart weitreichenden Schutz benötigt, muss jeder für sich selbst entscheiden, allerdings ist im Zusammenhang mit Morpheus zu beachten, dass dieses Programm in einigen Fällen mit einer Firewall nicht zurecht kommt, obwohl es spezielle Optionen zur Abstimmung auf eine Firewall anbietet.

Übersicht

In den beiden folgenden Kapitel 2 und 3 wird beschrieben, wie Sie Morpheus installieren und sich bei der ersten Sitzung im MusicCity-Netzwerk anmelden. Dabei ist unbedingt zu empfehlen, vor dem Einsatz von Morpheus einige Grundeinstellungen vorzunehmen und verschiedene Optionen an die eigenen Bedürfnisse anzupassen; die wichtigsten Grundeinstellungen und deren Bedeutung werden ebenfalls in Kapitel 3 erläutert. Anschließend wird skizziert, wie Sie auf

einfache und schnelle Weise Dateien suchen und herunterladen können und wie
Sie sich aus dem FileSharing-Netz wieder abmelden und Morpheus beenden.

In den beiden nachfolgenden Kapiteln 4 und 5 werden die zum Teil recht
differenzierten Möglichkeiten zum Suchen von Dateien sowie zur Steuerung der
Download-Vorgänge im einzelnen beschrieben. Kapitel 6 erläutert, wie Sie festlegen können, welche Verzeichnisse und Dateien freigegeben und damit anderen
Benutzern zur Verfügung gestellt werden sollen. Beachten Sie, dass eine sorgfäl-
tige Verwaltung der eigenen, freigegebenen Dateien unbedingt notwendig ist um
zu verhindern, dass demnächst Ihre Liebesbriefe oder die bereits geschriebene
aber noch nicht abgegebene Kündigung im Netz kursieren. Neben dem Suchen
und Herunterladen von Dateien bietet Morpheus auch ein Tool zur Verwaltung
der eigenen Mediendateien. In diesem Tool können Sie vor allem Beschreibun-
gen und Kategorisierungen Ihrer Dateien vornehmen und Playlists erstellen; die
Vorgehensweise hierzu wird in Kapitel 7 dargestellt. Das abschließende Kapitel
8 beschreibt die Vorgehensweise zum Deinstallieren von Morpheus.

Kapitel 2

Morpheus installieren

2.1 Installationsdatei herunterladen

Für die Installation von Morpheus MusicCity benötigen Sie die ca. 1,2 MB große Installationsdatei *Morpheus.exe*, die Sie sich frei aus dem Internet herunterladen können. Gehen Sie hierzu auf die Homepage von *MusicCity.com*, die Sie unter der Adresse

http://www.musiccity.com

finden, und klicken Sie dort auf eines der Bilder, die für das Herunterladen von Morpheus werben. Sie gelangen damit auf die Seiten von *cnet download.com*, die das Herunterladen zahlreicher Anwendungen ermöglichen, wobei automatisch die Seite zum Herunterladen von Morpheus aufgerufen wird. Alternativ können Sie zu dieser Seite auch gelangen, indem Sie die Adresse

http://www.download.com

ansteuern und sich dann weiter über die Suchfunktion oder durch die verschiedenen Kategorien zur Download-Seite für Morpheus vorhangeln.

Folgen Sie nun den Links und Anweisungen zum Herunterladen der Datei, wobei es generell zu empfehlen ist, die Installationsdatei zunächst auf dem eigenen PC zu speichern und von dort auszuführen, anstatt sie unmittelbar von ihrem Quellserver über das Internet zu starten. Nachdem Sie die Datei *Morpheus.exe* auf ihrem PC gespeichert haben, können Sie Morpheus wie im folgenden beschrieben installieren. Haben Sie die Datei in „gepackter Form" im ZIP-Format heruntergeladen, müssen Sie diese zunächst mit dem Programm WinZip entpacken; sollten Sie über dieses Programm nicht verfügen, können Sie es ebenfalls auf den Seiten von *http://www.download.com* herunterladen.

2.2 Installationsvorgang

Vor dem Starten der Installation sollten Sie zunächst sicherstellen, dass alle Anwendungsprogramme unter Windows geschlossen sind. Insbesondere darf keine bereits installierte Version von Morpheus selbst geöffnet sein. Beenden Sie also ggf. zunächst alle aktiven Anwendungsprogramme, und achten Sie in dem Fall, dass auf Ihrem PC bereits eine Version von Morpheus installiert ist, auch darauf, dass diese nicht im Hintergrund geöffnet ist, das Morpheus-Symbol darf also auch nicht wie in der nebenstehenden Abbildung in der Liste der aktiven Hintergrundanwendungen in der rechten Ecke der Windows Taskleiste erscheinen.

Morpheus.exe

Um nun die Installation von Morpheus zu starten, führen Sie die Datei *Morpheus.exe* aus, beispielsweise indem Sie im Windows *Explorer* auf den Dateinamen doppelklicken. Nach einem kurzen Ladevorgang erscheint daraufhin ein Begrüßungsbildschirm mit dem Dialogfeld aus Abbildung 3, in dem Sie noch einmal auf die Notwendigkeit, alle Windows Anwendungsprogramme vor der Installation zu beenden, hingewiesen werden. Ist dies noch nicht geschehen, können Sie den Installationsvorgang mit *Cancel* abbrechen, die noch offenen Anwendungen schließen und danach die Installation von Morpheus wie beschrieben neu starten.

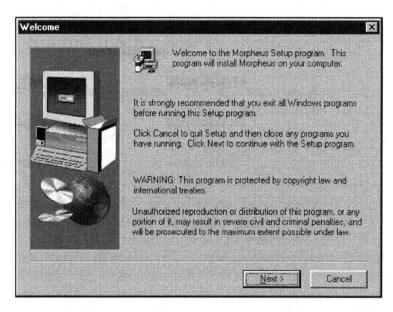

Abbildung 3: Begrüßungsdialogfeld des Installationsvorgangs.

Um die Installation fortzusetzen, klicken Sie auf die Schaltfläche *Next*. Daraufhin wird das Dialogfeld aus Abbildung 4 angezeigt, in dem die Lizenzvereinbarung für die Nutzung von Morpheus wiedergegeben ist. Die Installation kann nur fortgesetzt werden, wenn Sie sich mit dieser Lizenzvereinbarung einverstanden erklären, indem Sie auf die Schaltfläche *Yes* klicken.

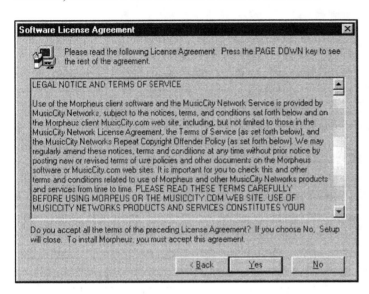

Abbildung 4: Lizenzvereinbarung.

Nach der Annahme der Lizenzvereinbarung wird das Dialogfeld aus Abbildung 5 angezeigt. Hier werden verschiedene Eigenschaften und Merkmale von *Morpheus* aufgeführt, die dieses Programm kennzeichnen und zum Teil von alternativen FileSharing-Anwendungen unterscheiden. Zum Abschluss findet sich dort der folgende Hinweis:

> *We ask you to report bugs to bugs@musiccity.com*
> *Please make sure you share as many files as possible so*
> *others will be able to find files. When you share, make*
> *sure to respect the copyright holders.*
> *MusicCity.com*

Hier wird auf zwei wichtige „Grundregeln" des FileSharing hingewiesen: Zum einen werden Sie aufgefordert, nicht nur vom FileSharing zu profitieren, sondern auch selbst Dateien bereitzustellen, soweit Sie über entsprechende Dateien verfügen, die Sie fremden Nutzern zugänglich machen wollen und können, zum anderen sind hierbei, was selbstverständlich ist, Copyright- und Urheberrechte zu beachten und dürfen nicht verletzt werden.

Abbildung 5: Informationen über Morpheus.

Um die Installation fortzusetzen, klicken Sie auf die Schaltfläche *Next*, woraufhin das Dialogfeld aus Abbildung 6 angezeigt wird. In diesem Dialogfeld wählen Sie den Ordner, in dem Morpheus installiert werden soll. Per Voreinstellung wird vorgeschlagen, im Windows Programmordner einen neuen Ordner mit dem Namen *Morpheus* zu erstellen und dort die Anwendung zu installieren. Wenn Sie diesen Vorschlag übernehmen möchten, können Sie die Installation unmittelbar mit der Schaltfläche *Next* fortsetzen, andernfalls können Sie zunächst mit der Schaltfläche *Browse* das nebenstehend skizzierte Dialogfeld öffnen, in dem Sie einen bestehenden Ordner auswählen oder einen neu zu erstellenden Ordner als Programmordner für Morpheus angegeben können. Wenn Sie die gewünschten Angaben vorgenommen haben und der richtige Zielordner im Feld *Destination Folder* des Dialogfelds aus Abbildung 6 angezeigt wird, setzen Sie den Installationsvorgang mit der Schaltfläche *Next* fort.

Im nächsten Schritt können Sie wählen, an welcher Stelle die Programmsymbole, mit denen Sie später das Programm Morpheus sowie verschiedene Hilfefunktionen aufrufen können, erstellt werden sollen. In der Liste *Existing Folders* werden die bereits bestehenden Programmgruppen aus dem *Start*-Menü von Windows aufgeführt, vgl. Abbildung 7; wählen Sie eine dieser Gruppen, um die Programmsymbole von Morpheus dort einzufügen, oder geben Sie den Namen einer neu zu erstellenden Gruppe in das Feld *Program Folders* ein bzw. behalten sie den vorgeschlagenen Namen *Morpheus* bei. Anschließend gelangen Sie mit der Schaltfläche *Next* zum nächsten Schritt.

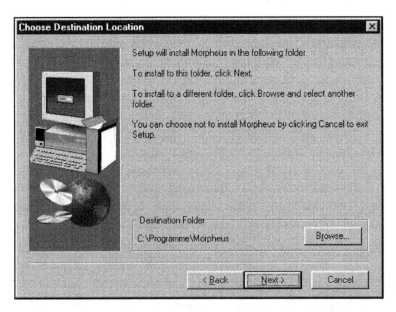

Abbildung 6: Wahl des Programmordners für Morpheus.

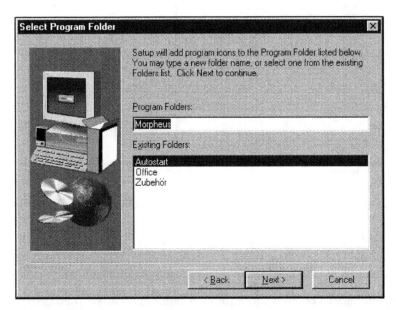

Abbildung 7: Wahl des Ortes für die Programmsymbole.

Im nächsten und letzten Schritt können Sie die drei folgenden Einstellungen vornehmen, vgl. Abbildung 8:

- *Launch Morpheus.* Wenn diese Option angekreuzt ist, wird Morpheus unmittelbar nach dem Beenden der Installation gestartet.

- *View readme.* Kreuzen Sie diese Option an, wenn Sie die Readme-Datei lesen möchten, die einige grundlegende Hinweise zum Programm Morpheus enthält.

- *Always launch Morpheus when I start my computer.* Diese Option bewirkt, dass Morpheus bei jedem Start des Computers automatisch geöffnet wird. Generell empfiehlt es sich, diese Option abzuwählen; dies gilt insbesondere dann, wenn Sie nicht über eine ununterbrochene Verbindung zum Internet verfügen, sondern diese erst manuell herstellen müssen, da die meisten Funktion von Morpheus eben einen Zugang zum Internet erfordern.

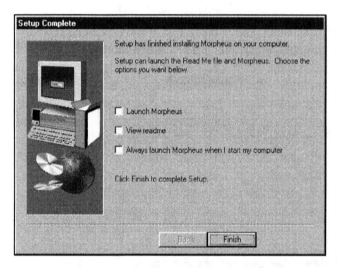

Abbildung 8: Abschließende Optionen der Installation.

Wenn Sie die gewünschten Einstellungen vorgenommen haben, klicken Sie auf *Finish*, um den Installationsvorgang zu beenden. Hatten Sie im abschließenden Dialogfeld wie in Abbildung 8 keine der Optionen angekreuzt, werden nach Abschluss der Installation keine weiteren Aktionen ausgeführt, andernfalls werden ggf. die Readme-Datei angezeigt und/oder es wird Morpheus gestartet.

Beim ersten Programmstart von Morpheus müssen nun noch einige weitere Angaben vorgenommen werden; obligatorisch ist die Wahl eines Benutzernamens sowie eines Passwortes, unbedingt zu empfehlen ist aber darüber hinaus auch die Einstellung einiger grundlegender Optionen, siehe hierzu das folgende Kapitel 3.

Kapitel 3

Die erste Sitzung

In der ersten Sitzung nach der Installation von Morpheus müssen zunächst einige Grundeinstellungen für das Arbeiten mit Morpheus MusicCity vorgenommen werden. So ist es erforderlich, sich als neuer Benutzer mit einem Benutzernamen und Passwort anzumelden, und es ist darüber hinaus unbedingt ratsam, weitere, optionale Grundeinstellungen zur Steuerung der Up- und Downloads sowie auch zur Programmpflege vorzunehmen.

Wenn Sie allerdings Morpheus früher bereits einmal auf Ihrem PC installiert hatten, sei es in der aktuellen oder in einer Vorgängerversion, so wurden die früheren Einstellungen möglicherweise automatisch übernommen (dies hängt davon ab, wie gründlich Sie die zuletzt installierte Version deinstalliert hatten, vgl. hierzu Kapitel 8); in diesem Fall müssen Sie die Einstellungen nicht mehr anpassen, es ist aber dennoch ratsam, zu überprüfen, ob alle Angaben und Einstellungen korrekt übernommen wurden und beibehalten werden sollen.

Um Morpheus zu starten, verwenden Sie, soweit Morpheus nach der Installation nicht automatisch geöffnet wurde, das Morpheus-Programmsymbol bzw. den entsprechenden Eintrag aus dem Windows *Start*-Menü. Sofern bisher keine aktive Internetverbindung bestand, wird diese beim Programmstart in Abhängigkeit von Ihren Einstellungen entweder automatisch hergestellt, oder Sie werden aufgefordert, eine solche Verbindung aufzubauen; hierbei verhält sich Morpheus vollkommen analog zu Ihrem Internetbrowser. Sobald die Internetverbindung aufgebaut ist, wird die Begrüßungsseite aus dem Internet geladen (auch insoweit verhält sich Morpheus wie Ihr Internetbrowser: Die im Programmfenster dargestellten Inhalte werden zum Teil während jeder Sitzung aus dem Internet abgerufen), und Sie können sich wie im folgenden beschrieben als neuer Benutzer registrieren.

Morpheus benötigt unter anderem das Flash-PlugIn zur Darstellung von Flash-animierten Elementen im Programmfenster; ist dieses bei Ihnen noch nicht installiert, erhalten Sie beim ersten Programmstart einen entsprechenden Hinweis und können die Installation daraufhin durchführen, indem Sie der eingeblendeten Anleitung folgen.

3.1   Anmelden als neuer Benutzer

Wenn Sie Morpheus das erste mal nach der Installation aufrufen, erscheint zum einen die allgemeine *Start*-Seite, die Sie auch in Zukunft immer begrüßen wird, und zusätzlich der *New User Wizard*, mit dessen Hilfe Sie sich als neuer Benutzer von Morpheus MusicCity registrieren können, vgl. Abbildung 9. Der folgende Registrierungsvorgang erfordert lediglich die Wahl eines Benutzernamens sowie eines Passwortes und darüber hinaus die Angabe einer gültigen E-Mail-Adresse.

Wird der *New User Wizard* nicht automatisch angezeigt, können Sie ihn über den Menübefehl *Tools, Register New User* aufrufen; auf diese Weise können Sie auch einen neuen Benutzernamen registrieren, wenn auf Ihrem PC bereits die Angaben einer gültigen Registrierung gespeichert sind. Möchten Sie sich dagegen unter einem bereits registrierten Benutzernamen anmelden, können Sie hierzu das Dialogfeld *Tools, Options* verwenden.

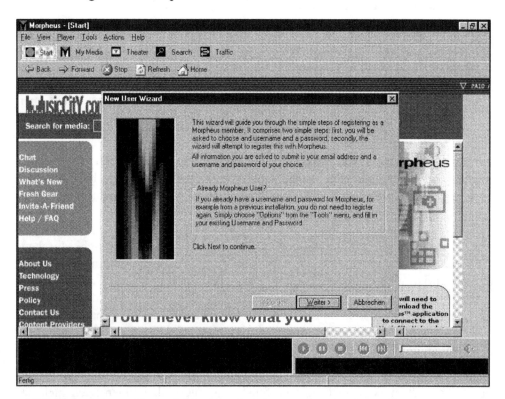

Abbildung 9: Begrüßungsbildschirm bei der ersten Morpheus-Sitzung.

Um sich als neuer Benutzer zu registrieren, klicken Sie im Begrüßungsdialogfeld aus Abbildung 9 auf die Schaltfläche *Weiter*, woraufhin das Dialogfeld aus Abbildung 10 angezeigt wird. Nehmen Sie hier die folgenden Angaben vor:

- *Username*. Geben Sie in dieses Feld einen frei gewählten Benutzernamen ein, unter dem Sie in Zukunft von Morpheus sowie von anderen Benutzern identifiziert und angesprochen werden. Für den Benutzernamen gibt es keine formalen Vorgaben; auch Sonderzeichen sind zugelassen. Allerdings besteht die Einschränkung, dass jeder Benutzername nur einmal vergeben wird, Sie müssen also einen Namen wählen, den nicht bereits ein anderer Benutzer verwendet. Einen solchen Namen zu finden, kann sich insbesondere dann als schwierig erweisen, wenn Sie einen sprechenden Namen suchen; dennoch gibt es keinen anderen Weg als den über Versuch und Irrtum: Wenn Sie einen Namen gewählt haben, der bereits vergeben ist, werden Sie von Morpheus darauf hingewiesen, und Sie müssen einen neuen Namen ausprobieren (s.u.).

- *Password*. Wählen Sie ein mindestens sechs Zeichen langes Passwort, unter dem Sie sich künftig bei Morpheus MusicCity anmelden. Bei der Eingabe des Passwortes werden die einzelnen Buchstaben nicht angezeigt, sondern durch Sternchen als Platzhalter ersetzt. Um versehentliche Tippfehler zu vermeiden, ist es daher erforderlich, das Passwort im folgenden Eingabefeld *Confirm Password* noch einmal zu wiederholen. Beachten Sie bei der Passworteingabe auch, dass zwischen Groß- und Kleinbuchstaben unterschieden wird. (Stimmen die Angaben in den beiden Feldern nicht überein, erhalten Sie vor dem Abschluss der Registrierung eine entsprechende Fehlermeldung und müssen die Passworteingabe wiederholen.)

  Sie müssen sich künftig bei jeder Online-Sitzung mit Morpheus unter ihrem Benutzernamen sowie unter Angabe des Passwortes im Netzwerk anmelden. Dabei wird es allerdings nicht erforderlich sein, die Angaben bei jedem Start von Morpheus manuell einzugeben; vielmehr werden sowohl der Benutzername als auch das Passwort von Morpheus gespeichert, so dass die Anmeldung im Netzwerk bei den künftigen Sitzungen automatisch erfolgt. Dennoch sollten Sie sich ihr Passwort gut merken, denn es gibt keine Möglichkeit, „auf geordnetem Wege" das zu einem Benutzernamen gehörende Passwort zu ermitteln.

- *Email address*. Geben Sie hier Ihre E-Mail-Adresse an; auch dieses Feld muss ausgefüllt werden und darf nicht leer bleiben.

- *Subscribe to Morpheus newsletter*. Diese Option ist per Voreinstellung angekreuzt; belassen Sie es dabei, wenn Sie künftig einen Newsletter von Morpheus beziehen möchten, andernfalls wählen Sie diese Option ab.

Wenn Sie alle Angaben vorgenommen haben, klicken Sie auf die Schaltfläche *Weiter*; daraufhin wird unmittelbar geprüft, ob die beiden Passwortangaben übereinstimmen und ob Passwort und E-Mail-Adresse formal korrekt sind. Entdeckt Morpheus hierbei einen Fehler, erhalten Sie eine entsprechende Meldung. Sie können die fehlerhafte Angabe dann korrigieren und anschließend erneut mit *Weiter* bestätigen. Sind alle formalen Kriterien erfüllt, überprüft Morpheus anschließend, ob der von Ihnen gewählte Benutzername noch frei ist. Sollte dies nicht der Fall sein, wird erneut das Dialogfeld aus Abbildung 10 (mit verändertem Einführungstext) angezeigt, und Sie müssen einen neuen Benutzernamen wählen.

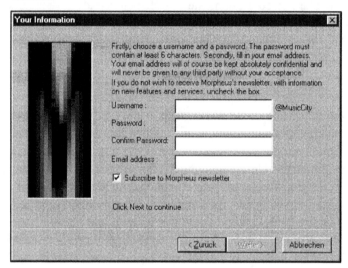

Abbildung 10: Dialogfeld zur Registrierung eines neuen Benutzers.

Waren alle Angaben formal korrekt und der Benutzername noch nicht vergeben, so erscheint eine entsprechende Erfolgsmeldung mit der Überschrift *Completed!* Damit sind Sie erfolgreich als neuer Benutzer registriert. Wenn Sie nun noch das Dialogfeld *Completed!* mit der Schaltfläche *Fertig stellen* bzw. *Finish* schließen, wird die Startseite von Morpheus angezeigt, vgl. Abbildung 11. Diese Seite, die auch bei jedem künftigen Programmstart automatisch als erste Seite erscheint, ist wie eine Website zu bedienen und enthält zahlreiche Informationen über Morpheus MusicCity wie unter anderem eine Online-Hilfe. Die Startseite wird beim Programmstart von Morpheus aus dem Internet geladen und in ihrem Erscheinungsbild immer wieder verändert, so dass sie von der Darstellung in Abbildung 11 abweichen kann.

Grundsätzlich können Sie nun mit der Suche nach und dem Herunterladen von Dateien beginnen, es ist aber dringend zu empfehlen, zuvor einige wichtige opti-

onale Grundeinstellungen des Programms zu überprüfen und ggf. zu ändern. Die
Bedeutung dieser Einstellungen wird im folgenden Abschnitt 3.2 beschrieben,
und danach wird in Abschnitt 3.3 die Vorgehensweise zum Suchen und Herunterladen von Dateien skizziert. Wenn Sie Morpheus später beenden möchten,
sollten Sie darauf achten, dass der Befehl *File, Close* lediglich das Programmfenster ausblendet, das Programm selbst aber nicht beendet, siehe hierzu Abschnitt 3.4.

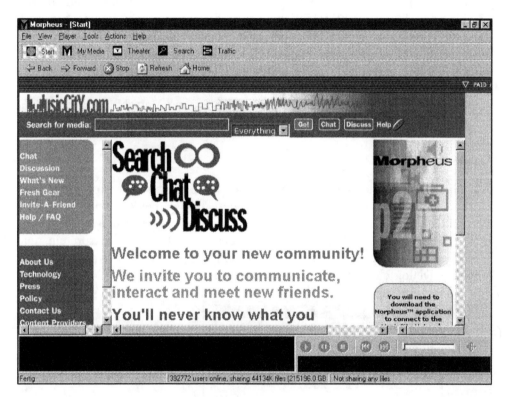

Abbildung 11: Startseite von Morpheus.

3.2 Wichtige optionale Grundeinstellungen

Mit Hilfe einiger optionaler Grundeinstellungen können Sie in dem Dialogfeld
des Befehls *Tools, Options...* die Funktionen von Morpheus in verschiedener
Hinsicht steuern. Es empfiehlt sich, diese Grundeinstellungen vor dem ersten
Einsatz von Morpheus zu überprüfen, da sie zum Teil zentrale Programmfunkti-
onen berühren. So lässt sich unter anderem festlegen, ob

- automatische Programmaktualisierungen zugelassen sind;
- Morpheus bei jedem Start des Computers automatisch geöffnet werden soll;

- Down- und Uploads hinsichtlich ihrer Anzahl sowie der beanspruchten Bandbreite beschränkt sein sollen;

- andere Benutzer Dateien von Ihrem Computer herunterladen dürfen;

- der eigene Computer als so genannter SuperNode fungieren darf;

Ebenfalls mit Hilfe der Grundeinstellungen legen Sie fest, in welchem Verzeichnis die von Ihnen heruntergeladenen Dateien gespeichert werden sollen. Die umgekehrte Frage, welche Verzeichnisse für andere Benutzer freizugeben sind, wird dagegen nicht in den Grundeinstellungen geregelt, sondern lässt sich mit Hilfe des Befehls *Tools, Find Media to Share...* bestimmen, siehe hierzu im einzelnen Kapitel 6. Auch diese Einstellung sollten Sie unbedingt vor dem ersten Einsatz von Morpheus überprüfen und ggf. ändern, um auf jeden Fall sicherzustellen, dass nicht versehentlich Dateien, die Sie unter Verschluss halten möchten, im gesamten FileSharing-Netz zur Verfügung stehen.

User

Auf der Registerkarte *User* werden zunächst Ihr Benutzername sowie das Passwort (in verdeckter Form) ausgewiesen. Diese beiden Felder können Sie auch verwenden, um sich unter einem anderen, bereits bestehenden Benutzernamen anzumelden. Geben Sie in diesem Fall Benutzername und Passwort ein, und bestätigen Sie diese Angaben mit der Schaltfläche *Übernehmen* oder mit *OK*, wenn das Dialogfeld zugleich geschlossen werden soll.

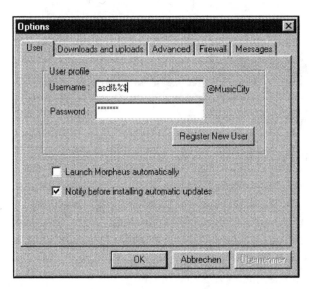

Abbildung 12: Grundeinstellungen: Benutzer und Programmverwaltung.

Zudem stehen die beiden folgenden Optionen zur Verfügung:

- *Launch Morpheus automatically.* Diese Option wurde bereits während der Installation von Morpheus angeboten. Sie bewirkt, dass Morpheus bei jedem Start des Computers automatisch aufgerufen wird. Es empfiehlt sich im allgemeinen, diese Option abzuwählen, insbesondere dann, wenn Sie nicht über eine Standleitung zum Internet verfügen, sondern diese erst manuell herstellen müssen, da die meisten Funktion von Morpheus eine Verbindung zum Internet erfordern.

- *Notify before installing automatic updates.* Wenn diese Option nicht angekreuzt ist, nimmt Morpheus automatisch Programmupdates vor, ohne Sie zuvor darauf hinzuweisen oder um Ihre Erlaubnis zu fragen. Daher ist es zu empfehlen, die Option anzukreuzen, damit Sie so weitreichende Eingriffe wie Programmaktualisierungen weiterhin kontrollieren können.

Downloads and Uploads

Auf der Registerkarte *Downloads and Uploads* werden der Zielordner für Downloads sowie der Umfang gleichzeitiger Down- und Uploads festgelegt; wenn Sie Änderungen an diesen Einstellungen vornehmen, sollten Sie beachten, dass es einige Minuten dauern kann, bis die Änderungen tatsächlich umgesetzt werden. In einigen Fällen kann es auch erforderlich sein, dass Sie Morpheus vollständig schließen und neu starten, um die Änderungen aktiv werden zu lassen.

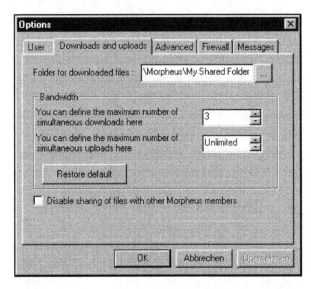

Abbildung 13: Grundeinstellungen: Downloads und Uploads.

- *Folder for downloaded files*. Geben Sie hier das Verzeichnis an, in dem die Dateien, die Sie mit Morpheus aus dem Netz herunterladen, gespeichert werden sollen. Freilich können Sie diese Dateien nach Abschluss des Download-Vorgangs wie alle Dateien frei auf Ihrer Festplatte verschieben und kopieren, so dass der hier angegebene Ordner in der Regel nur als erster Speicherort für die aktuellen Downloads fungiert.

  Per Voreinstellung ist hier der Ordner *My Shared Folder* angegeben, der von Morpheus bei der Programminstallation erstellt wurde und im Morpheus Programmordner liegt. In aller Regel ist es nicht sinnvoll, diese Einstellung unverändert beizubehalten, da es sich generell empfiehlt, Programm- und Anwendungsdaten getrennt zu halten. Insbesondere sollten Sie auch folgendes Beachten: Der Ordner *My Shared Folder* ist per Voreinstellung nicht nur als Ziel für Downloads, sondern auch als zulässige Quelle für Uploads eingerichtet, so dass alle Dateien, die sich in diesem Ordner befinden, von anderen Benutzern heruntergeladen werden können. Um abweichend von dieser Voreinstellung manuell festzulegen, welche Dateien Sie anderen Benutzern zur Verfügung stellen, verwenden Sie den Befehl *Tools, Find Media to Share...*, vgl. hierzu im einzelnen Kapitel 6.

- *Bandwidth*. Geben Sie hier die höchstens zulässige Anzahl gleichzeitiger Downloads und Uploads an. Per Voreinstellung ist die Anzahl simultaner Downloads auf drei beschränkt, während unbegrenzt viele gleichzeitige Uploads zugelassen sind. Welche Einstellungen hier sinnvoll sind, hängt wesentlich von der Bandbreite Ihrer Internetverbindung ab; je höher diese ist, desto mehr Down- und Uploads können sinnvoll gleichzeitig durchgeführt werden.

 Soll die Anzahl simultaner Down- und/oder Uploads nicht beschränkt werden, setzen Sie die betreffenden Felder auf *Unlimited*; dies erreichen Sie, indem Sie mit den Pfeiltasten des jeweiligen Feldes unter den Wert *1* blättern. Um umgekehrt Uploads vollständig zu unterbinden, verwenden Sie die folgende Option:

- *Disable sharing of files with other Morpheus members*. Kreuzen Sie diese Option an, wenn Sie den Zugriff anderer Benutzer auf Ihre Dateien vollständig unterbinden möchten, so dass andere Benutzer keine Dateien von Ihrer Festplatte herunterladen können, siehe hierzu auch Abschnitt 6.2, insbesondere S. 63.

 Die Registerkarte *Advanced* bietet noch weitere Optionen zur Steuerung der Downloads und Uploads. Ferner sollten Sie für die Uploads unbedingt festlegen, aus welchen Ordnern ihrer Festplatte andere Benutzer Dateien herunterladen dürfen, siehe hierzu im einzelnen Kapitel 6.

Advanced

Die Einstellungen auf dieser Registerkarte dienen vor allem der Steuerung des Datenvolumens; hierzu stehen die folgenden Optionen zur Verfügung:

- *Maximum number of search results.* Wenn Sie mit Morpheus nach Dateien suchen, werden grundsätzlich alle „Treffer", die den Suchkriterien entsprechen, aufgelistet, allerdings nur bis zu der in diesem Feld vorgegebenen Höchstzahl. Geben Sie als Höchstzahl einen Wert zwischen 1 und 100 ein; es ist nicht möglich, auf eine Begrenzung der Trefferzahl zu verzichten.

- *Maximum bandwidth...* Hier können Sie festlegen, wie viel Bandbreite maximal anderen Benutzern zum Herunterladen von Dateien von ihrem PC bereitgestellt werden soll. Per Voreinstellung ist die anderen Benutzern zur Verfügung gestellte Bandbreite nicht beschränkt; um eine Beschränkung einzuführen, geben Sie den gewünschten Maximalwert (in Kilobit pro Sekunde) in das Feld ein. Dabei sind grundsätzlich nur Potenzen von zwei zulässig, also etwa 32, 64, 128 etc., allerdings gelten für niedrige Werte offenbar Ausnahmen von dieser Regel. Mit den Pfeiltasten des Feldes können Sie die zulässigen Werte durchblättern.

- *Do not function as a SuperNode.* Kreuzen Sie diese Option an, wenn Sie verhindern möchten, dass Ihr PC als SuperNode im MusicCity-Netzwerk fungiert. Per Voreinstellung ist die Option abgewählt, so dass Ihr PC unter Umständen, insbesondere wenn es sich um einen leistungsfähigen Rechner mit schneller Internetanbindung handelt, als SuperNode ausgewählt werden kann. Die Bedeutung dieser Option wird jedoch erst vor dem Hintergrund der Funktionsweise des MusicCity-Netzwerks klar:

Das MusicCity-Netzwerk basiert nicht auf einem zentralen Server, der die von den Benutzern zum FileSharing bereitgestellten Dateien verwaltet und Suchanfragen bearbeitet, sondern es handelt sich um ein so genanntes verteiltes Netzwerk. In solchen verteilten Netzen fungieren die einzelnen Clients und damit die PCs der Benutzer als Netzwerkknoten, und die Suche nach Dateien erfolgt grundsätzlich so, dass die von einem Benutzer (einem Client) ausgesandte Suchanfrage sukzessive zwischen den im Netzwerk verbundenen Computern weitergeleitet wird und dabei jeder einzelne Client prüft, ob die gesuchte Datei bei ihm vorhanden ist. Im MusicCity-Netzwerk allerdings fungieren nicht tatsächlich alle Clients als gleichartige Netzwerkknoten, sondern es werden besonders leistungsfähige Computer, die über eine schnelle Verbindung zum Internet verfügen, als so genannte *SuperNodes* ausgewählt. Jeder „normale" Client im MusicCity-Netzwerk ist unmittelbar nur mit dem „nächstgelegenen" SuperNode verbunden und übermittelt an diesen auch alle Informationen über die von ihm für das FileSharing bereitgestellten Dateien,

so dass umgekehrt jeder SuperNode „weiß", welche Dateien auf den normalen Clients seiner Umgebung zu finden sind. Sucht nun ein Benutzer nach einer Datei im MusicCity-Netzwerk, so wird die Suchanfrage zunächst an den
verbundenen SuperNode übermittelt und von diesem sukzessive an die übrigen SuperNodes des Netzes weitergeleitet, siehe hierzu auch in Kapitel 1
S. 10.

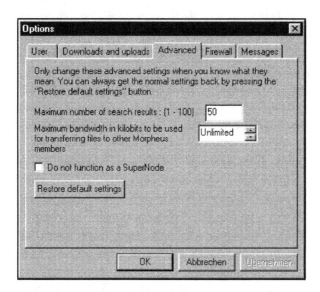

Abbildung 14: Grundeinstellungen: Verwaltung der Bandbreite.

Firewall und Messages

Die Registerkarte *Firewall* bietet die Möglichkeit, Morpheus in Verbindung mit
einem SOCKS5 Proxy Server zu verwenden; Sie können dazu den Host und den
Port einstellen sowie ggf. Benutzernamen und Passwort angeben. Erfahrungsbe-
richte zeigen aber, dass die Verwendung von Morpheus in Verbindung mit einer
Firewall oftmals Schwierigkeiten bereitet.

Auf der Registerkarte *Messages* können Sie den Empfang von Nachrichten steuern:

- *Ignore all incoming messages.* Kreuzen Sie diese Option an, wenn Sie generell keine Nachrichten von anderen Benutzern empfangen möchten. Alle an
  Sie gerichteten Nachrichten werden dann automatisch unterdrückt.

- *Ignore List.* Diese Liste, die per Voreinstellung keine Einträge enthält, führt
  Benutzer auf, für die Sie irgendwann einmal festgelegt haben, dass Sie von
  diesen keine Nachrichten mehr bekommen möchten. Soll ein Benutzer aus

dieser Liste entfernt werden, so dass eingehende Nachrichten von dem betreffenden Benutzer wieder zugelassen sind, markieren Sie den zugehörigen Eintrag, und klicken Sie anschließend auf die Schaltfläche *Remove From List*.

3.3 Suchen und Herunterladen von Dateien

Im folgenden sei kurz der schnellste Weg zum Suchen und Herunterladen von Dateien skizziert; eine ausführliche Darstellung, in der auch die zahlreichen Optionen und Steuerungsmöglichkeiten beschrieben werden, finden Sie in den beiden folgenden Kapiteln 4 und 5.

Nach dem Programmstart von Morpheus und der Anmeldung im MusicCity-Netzwerk wird zunächst die Startseite des Programms angezeigt, vgl. Abbildung 11, S. 27, wobei sich das Erscheinungsbild dieser Startseite immer wieder verändern kann, da sie beim Programmstart als Website aus dem Internet geladen wird. Um eine schnelle und sehr allgemeine Suche nach Dateien durchzuführen, gehen Sie nun wie folgt vor:

- Geben Sie auf der Startseite in das mit *Search for Media* bezeichnete Feld einen geeigneten Suchbegriff ein, vgl. die folgende Abbildung. Wenn Sie gezielt nach Audio-, Video- oder Bilddateien bzw. Dokumenten oder Software suchen, können Sie zusätzlich die entsprechende Kategorie in der Dropdown-Liste auswählen, die per Voreinstellung die Option *Everything* anzeigt.

- Nachdem Sie die Angaben vorgenommen haben, klicken Sie auf die Schaltfläche *Go!*, um die Suche zu starten. Daraufhin wird automatisch eine neue Seite mit dem Titel *Search* angezeigt, auf der die Suchergebnisse in einer Liste präsentiert werden. Die Seite *Search* dient auch dazu, eine differenziertere Suche nach Dateien durchzuführen, siehe hierzu im einzelnen das folgende Kapitel 4.

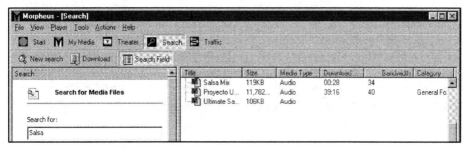

- Ist die gesuchte Datei in der Trefferliste enthalten, können Sie die Datei nun herunterladen, indem Sie den betreffenden Listeneintrag markieren und anschließend auf die Schaltfläche *Download* klicken; daraufhin wird mit dem Herunterladen der Datei begonnen. Der Fortschritt des Download-Vorgangs wird auf der Seite *Traffic*, die Sie mit der gleichnamigen Schaltfläche aufrufen können, angezeigt. Dort können Sie den Download-Vorgang auch anhalten oder zu beschleunigen versuchen und in eine Audio-Datei bereits während des Herunterladens reinhören, vgl. hierzu im einzelnen Kapitel 5.

Beachten Sie, dass heruntergeladene Dateien per Voreinstellung in dem von Morpheus bei der Installation erstellten Verzeichnis *My Shared Folder* gespeichert werden; Sie können allerdings in den Programmoptionen ein anderes Zielverzeichnis vorgeben, siehe hierzu Abschnitt 3.2, insbesondere S. 29.

3.4   Morpheus beenden und MusicCity verlassen

Zu unterscheiden ist zwischen dem Verlassen des MusicCity-Netzwerks, dem Beenden von Morpheus, dem einfachen Ausblenden des Programmfensters und dem Trennen der Internetverbindung.

Abmelden aus dem MusicCity-Netzwerk

Mit dem Befehl *File, Disconnect* melden Sie sich als Benutzer aus dem MusicCity-Netzwerk ab. Das Abmelden aus dem Netz bewirkt unmittelbar, dass alle aktiven Down- und Uploads unterbrochen und eventuelle Suchvorgänge gestoppt werden. Das Programm Morpheus bleibt dagegen weiterhin geöffnet, und auch die Internet-Verbindung bleibt weiterhin bestehen, sofern Sie diese nicht manuell beenden. Möchten Sie sich wieder im MusicCity-Netz anmelden, verwenden Sie den Befehl *File, Connect*; mit dem Befehl *Tools, Options* können Sie sich unter einem anderen Benutzernamen anmelden, siehe hierzu Abschnitt 3.2, insbesondere S. 28.

Morpheus-Programmfenster ausblenden

Mit dem Befehl *File, Close* wird das Programm Morpheus nicht wirklich geschlossen, sondern lediglich ausgeblendet. Alle Funktionen von Morpheus bleiben dagegen weiterhin aktiv; dies gilt insbesondere für aktuelle Down- und Uploads. Die Tatsache, dass Morpheus weiterhin geöffnet ist, erkennen Sie unter anderem an dem Programmsymbol, das nach wie vor rechts auf der Windows

Taskleiste angezeigt wird. Wenn Sie dieses Symbol mit der Maus anklicken, wird das Programmfenster unmittelbar wieder eingeblendet.

Morpheus beenden

Um Morpheus effektiv zu beenden, klicken Sie mit der rechten Maustaste auf das Morpheus-Programmsymbol, das rechts auf der Windows Taskleiste angezeigt wird, und wählen Sie aus dem damit geöffneten Kontextmenü den Befehl *Close Morpheus*. Nur mit diesem Befehl wird das Programm vollständig geschlossen, was zugleich impliziert, dass Sie als Benutzer aus dem MusicCity-Netzwerk abgemeldet und alle aktiven Down- und Uploads unterbrochen werden. Je nachdem, welche generellen Einstellungen Sie in bezug auf Ihren Internetzugang vorgenommen haben, werden Sie ggf. zusätzlich gefragt, ob die Internetverbindung beendet werden soll.

Internetverbindung trennen

Grundsätzlich verhält sich Morpheus in bezug auf die Nutzung der Internetverbindung wie Ihr Internet-Browser; haben Sie beispielsweise festgelegt, dass beim Öffnen des Browsers automatisch eine Internetverbindung aufgebaut werden soll, die beim Schließen des Browsers nach Rückfrage wieder getrennt wird, so werden diese Einstellungen analog auf das Starten und Beenden von Morpheus angewandt. Beachten Sie aber, dass das Ausblenden von Morpheus mit dem Befehl *File, Close* in keinem Fall zur automatischen Trennung der Internetverbindung führt, und überprüfen Sie auch nach dem Beenden von Morpheus, ob nicht versehentlich eine Internetverbindung beibehalten wurde, die eigentlich getrennt werden sollte.

Kapitel 4

Dateien suchen

Für die Suche nach Dateien enthält Morpheus eine spezielle Seite mit dem Titel *Search*. Diese Seite bietet die Möglichkeit, ganz allgemeine oder auch sehr differenzierte Suchanfragen nach allen Arten von Medien- und sonstigen Dateien zu formulieren. Die Ergebnisse der Suche werden ebenfalls auf dieser Seite präsentiert, von der aus auch das Herunterladen einzelner Dateien veranlasst werden kann.

4.1 Einfache Suche

Um das Fenster zum Suchen von Dateien zu Öffnen, klicken Sie in der Symbolleiste auf die Schaltfläche *Search*, oder wählen Sie den Menübefehl *View, Search*. Daraufhin erscheint die in Abbildung 15 wiedergegebene Ansicht. Auf der linken Seite dieses Fensters können Sie nun ihre Suchanfrage formulieren; die Ergebnisse der Suche werden anschließend in der rechten Fensterseite wiedergegeben.

Sollte die linke Fensterseite mit dem Eingabefeld bei Ihnen nicht angezeigt werden, klicken Sie auf die Schaltfläche *Search Field*, oder wählen Sie den Menübefehl *View, Search Field*, um das Suchfeld einzublenden.

Um nun eine einfache Suche nach Dateien aller Art durchzuführen, gehen Sie folgendermaßen vor:

- Geben Sie in das Textfeld *Search for* den Suchbegriff ein; wenn Sie nach einer Musikdatei suchen, kann dies zum Beispiel der Name des Interpreten oder der Titel des Stücks sein. Morpheus wird anschließend alle Dateien suchen, die den Suchbegriff im Dateinamen oder in der Dateibeschreibung enthalten.

  Wenn Sie mehrere Wörter als Suchbegriff eingeben, werden solche Dateien gesucht, die alle Begriffe (und nicht etwa den gesamten zusammenhängenden Ausdruck) im Namen oder in der Beschreibung enthalten. Dies empfiehlt sich insbesondere dann, wenn Sie beispielsweise eine spezielles Stück von einem sehr populären Interpreten suchen: Um als Suchergebnis nicht eine sehr umfangreiche Liste mit einer Vielzahl von Fehltreffern präsentiert zu bekommen, sollten Sie in diesem Fall etwa den Namen des Interpreten und einen markanten Begriff aus dem Titel des gesuchten Stücks eingeben.

Je nachdem, wonach Sie suchen und wie konkret Ihre Anforderungen an die gesuchte Datei sind, kann es auch sinnvoll sein, beispielsweise nur die Stilrichtung der gesuchten Musik einzugeben; allein die Angabe der Stilrichtung ist bei einer so unspezifischen Kategorie wie etwa *Pop* freilich nicht erfolgversprechend, auf der Suche nach spezielleren Musikrichtungen wie etwa *Klezmer* oder *Salsa* können Sie auf diese Weise aber bereits brauchbare Ergebnisse erzielen. Umgekehrt bietet Morpheus aber auch die Möglichkeit, eine sehr detaillierte Suchanfrage zur formulieren und spezifische Angaben zum Interpreten, Titel, Musikstil und anderen Merkmalen der gesuchten Datei vorzunehmen, siehe hierzu unten, Abschnitt 4.3.

- Klicken Sie anschließend auf die Schaltfläche *Search Now*, um die Suche zu starten; Morpheus sendet daraufhin die Suchanfrage an das Netz und bekommt nach und nach die Suchergebnisse zurückgemeldet, die unmittelbar auf der rechten Fensterseite aufgelistet werden.

  Während die Suchanfrage läuft, erscheint am unteren Fensterrand in der Statuszeile der Hinweis *Performing Search...*; wenn die Suche abgeschlossen ist, wird dort die Anzahl der gefundenen Dateien gemeldet, oder es erscheint der Hinweis *Search finished without any result*, wenn keine zu den von Ihnen vorgegebenen Suchkriterien passende Datei gefunden werden konnte.

- Möchten Sie die Suche vorzeitig abbrechen, beispielsweise weil durch die Vielzahl der Treffer deutlich wird, dass die Suchanfrage zu unspezifisch formuliert war, können Sie dies mit der Schaltfläche *Stop Search* tun, allerdings werden dann auch die bereits erzielten Suchergebnisse aus der Trefferliste wieder gelöscht.

Enthält die Trefferliste bereits die von Ihnen gesuchte(n) Datei(en), können Sie mit dem Herunterladen bereits beginnen, während die Suche noch läuft, Sie müssen hierzu also nicht warten, bis die Suche abgeschlossen ist. Um eine Datei herunterzuladen, klicken Sie mit der rechten Maustaste auf den entsprechenden Eintrag in der Trefferliste, und wählen Sie aus dem damit geöffneten Kontextmenü den Befehl *Download*, siehe hierzu im einzelnen Kapitel 5.

- Sie können sowohl nach Abschluss einer Suche als auch während eines laufenden Suchvorgangs jederzeit eine neue Suche starten, indem Sie den neuen Suchbegriff in das Feld *Search for* eingeben und anschließend auf die Schaltfläche *Search Now* klicken, beachten Sie hierbei aber, dass jede neue Suche die bisherige Trefferliste überschreibt. Anders als bei manchen anderen FileSharing-Anwendungen ist es bei Morpheus weder möglich, mehrere Suchanfragen gleichzeitig laufen zu lassen, noch können die Ergebnisse mehrerer nacheinander durchgeführter Suchanfragen in der Trefferliste kumuliert werden.

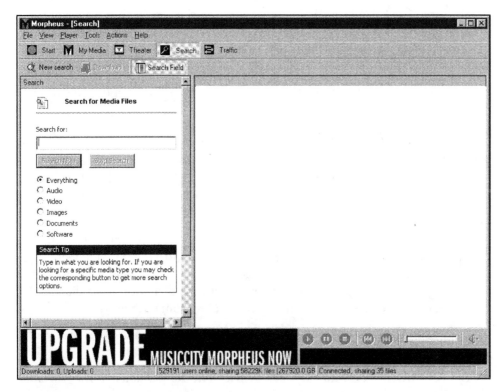

Abbildung 15: Seite zum Suchen von Dateien.

4.2 Suchergebnis

Informationen über die gefundenen Dateien

Abbildung 16 zeigt die Trefferliste für eine Suche nach dem Begriff *Salsa*. Für jede gefundene Datei werden verschiedene Merkmale ausgewiesen. Dabei lassen sich nicht alle Angaben gleichzeitig auf dem Bildschirm darstellen, so dass Sie ggf. horizontal blättern müssen, um die gesuchten Informationen zu finden. Es besteht aber auch die Möglichkeit, die Reihenfolge der Spalten zu verändern, so dass die für Sie relevanten Eigenschaften künftig stets am Anfang erscheinen, siehe hierzu den folgenden Abschnitt *Ansicht verändern*, S. 42. Im einzelnen umfasst die Beschreibung der Dateien folgende Angaben:

- *Filename.* Dies ist der vollständige Dateiname, wie er von dem Benutzer, der die Datei zur Verfügung stellt, gewählt wurde. Zumeist geht aus dem Dateiname der Inhalt der Datei wie etwa bei Musikdateien der Interpret und der Titel sowie oftmals das betreffende Album hervor, da aber natürlich jeder Benutzer frei ist in der Wahl seiner Dateinamen und sich noch keine ganz einheitlichen Konventionen durchgesetzt haben, ist die Aussagekraft der Dateinamen sehr unterschiedlich.

  Bedeutsam ist dagegen zumeist die Namenserweiterung wie *.mp3*, *.avi* oder *.jpg*, aus der das Dateiformat hervorgeht, beachten Sie auch die Hinweise zu möglichen Virendateien auf S. 12.

- *Size.* Die Größe der Datei in Kilobyte.

- *Media Type.* Hier wird angegeben, ob es sich etwa um eine *Audio*-Datei, um einen *Video Clip*, ein *Photo* etc. handelt. In der Regel ist diese Information auch aus der Namenserweiterung des Dateinamens ersichtlich, die zugleich das Dateiformat angibt (s.o.).

- *Bandwidth.* Die Bandbreite, mit der die Quelle der Datei mit dem Netz verbunden ist. Generell gilt: Je höher die Bandbreite, desto höher die Geschwindigkeit, die für den Download erwartet werden kann. Anhand der Informationen über die Bandbreite und die Dateigröße schätzt Morpheus die für den Download benötigte Zeit, die als *Download Time* angegeben wird.

- *User.* Der Login-Name des Benutzers, der die betreffende Datei zur Verfügung stellt.

- *Quality, Artist, Title, Category etc.* Je nach Art der gefundenen Datei werden weitere Angaben wie etwa für Musikdateien der Name des Interpreten, der Titel und der Musikstil angegeben. Diese Informationen werden aus der Dateibeschreibung ermittelt, die jeder einzelne Benutzer für seine Dateien vornehmen kann (siehe hierzu im einzelnen Abschnitt 7.1, S. 68). Daher sind diese Angaben auch nicht frei von Fehlern, und oftmals ist der Dateiname selbst aussagekräftiger als die von Morpheus herausgefilterten Informationen. Von zentraler Bedeutung ist jedoch im Fall von Musikdateien die Angabe der Aufnahmequalität (Spalte *Quality*) in Kilobit pro Sekunde. Diese Information wird nur dann automatisch mitgeteilt, wenn Sie gezielt nach Audio-Dateien und nicht auch nach anderen Dateiformaten gesucht haben. In jedem Fall können Sie die Aufnahmequalität aber in der *QuickInfo* für eine Datei ablesen, vgl. folgenden Aufzählungspunkt.

- *Angaben als QuickInfo.* Wenn Sie den Mauszeiger über einen Eintrag bewegen, erhalten Sie zahlreiche Dateiinformationen als QuickInfo eingeblendet. Im Fall von Audio-Dateien können Sie dieser QuickInfo auch die Aufnahmequalität entnehmen, die eine zentrale Information für die Auswahl der herunterzuladenden Dateien sein kann.

Welche Informationen über die gefundenen Dateien mitgeteilt werden, hängt zum Teil davon ab, ob Sie wie oben beschrieben eine allgemeine Suche durchgeführt oder gezielt nach Dateien bestimmten Typs gesucht haben (siehe hierzu Abschnitt 4.3). So wird in den Ergebnissen einer gezielten Suche nach Audiodateien auch die Spieldauer sowie die Aufnahmequalität der einzelnen Dateien angegeben, während die Ergebnisliste einer Suche nach Bilddateien Angaben über die Auflösung und Farbtiefe der Bilder enthält.

Werden zwei oder mehr der gefundenen Dateien von Morpheus als identisch identifiziert, werden diese zunächst in einem Eintrag zusammengefasst. Neben dem betreffenden Eintrag erscheint dann ein Plus-Zeichen; wenn Sie dieses anklicken, blenden Sie eine Liste mit allen in dem Eintrag zusammengefassten Einzeldateien ein.

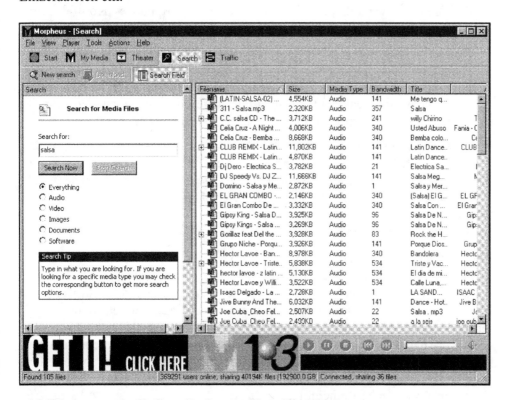

Abbildung 16: Trefferliste für den Suchbegriff „Salsa".

In der Statuszeile ist angegeben, dass insgesamt 105 Dateien gefunden wurden. Hierbei ist zu beachten, dass Morpheus die Suche abbricht, sobald die Trefferliste ca. 100 Dateien umfasst. Eine so große Trefferzahl deutet daher darauf hin, dass tatsächlich noch mehr Dateien verfügbar sind, die den vorgegebenen Suchkriterien entsprechen. In einem solchen Fall ist es oftmals sinnvoll, eine erneute Suche mit spezifischeren Vorgaben durchzuführen. Die Höchstzahl der Dateien, die in der Trefferliste ausgewiesen werden, ist dabei nicht starr vorgegeben, sondern kann in den Grundeinstellungen von Morpheus zwischen 1 und 100 frei gewählt werden, siehe hierzu Abschnitt 3.2, insbesondere S. 31.

Ansicht verändern

Die über die einzelnen Dateien mitgeteilten Informationen sind so umfangreich, dass sie sich in der Regel nicht alle gleichzeitig auf dem Bildschirm darstellen lassen; um die wichtigsten Informationen auf einen Blick zu bekommen, ohne die Ansicht mit der unteren Bildlaufleiste rollen zu müssen, können Sie die Darstellung der Trefferliste in verschiedener Hinsicht verändern:

- *Spaltenbreite.* Sie können die Breite jeder einzelnen Spalte frei wählen. Um die Breite zu verändern, ziehen Sie den rechten Rand des Kopffeldes der betreffenden Spalte mit der Maus in die gewünschte Richtung.

- *Reihenfolge der Spalten.* Sie können die Reihenfolge der Spalten beliebig verändern. Um eine Spalte zu verschieben, ziehen Sie einfach den Spaltenkopf mit der Maus entsprechend nach links oder rechts. Während des Ziehens wird durch eine senkrechte blaue Linie angezeigt, an welche Position die Spalte verschoben wird, wenn Sie die Maustaste loslassen.

- *Suchfenster ausblenden.* Durch Ausblenden der linken Fensterseite mit dem Suchfeld steht das gesamte Fenster für die Trefferliste zur Verfügung. Zum Ein- und Ausblenden des Suchfensters verwenden Sie die Schaltfläche *Search Field* oder alternativ den Menübefehl *View, Search Field*.

Suchergebnisse sortieren

Zunächst werden die Suchergebnisse in der Trefferliste in der Reihenfolge aufgeführt, in der sie gefunden wurden, Sie können die Dateien jedoch auch nach einer der aufgeführten Merkmalskategorien wie dem Dateinamen, der Größe oder der Bandbreite sortieren lassen, indem Sie mit der Maus auf den betreffenden Spaltenkopf klicken. Um die Suchergebnisse beispielsweise in aufsteigender Reihenfolge der Titel zu sortieren, klicken Sie auf den Spaltenkopf *Title*; ein nach oben weisendes Dreieck in diesem Spaltenkopf zeigt anschließend die Sortierreihenfolge an. Durch erneutes Anklicken desselben Spaltenkopfes sortieren Sie die Treffer in absteigender Reihenfolge.

4.3 Suche verfeinern mit Suchoptionen

Wenn Sie ausschließlich nach Dateien bestimmten Typs suchen wie etwa ausschließlich nach Audio-Dateien, Bildern oder Software, können Sie die Suchanfrage verfeinern, indem Sie in dem Suchfenster die entsprechende Kategorie wie *Audio, Images, Software* etc. auswählen, vgl. Abbildung 18. Dadurch wird bereits festgelegt, dass ausschließlich solche Dateien gesucht werden, die der ausgewählten Kategorie entsprechen. Darüber hinaus erhalten Sie die Möglichkeit, die Suchanfrage präziser zu formulieren:

- Unter dem Eingabefeld *Search for* können sie nun angeben, ob der Suchbegriff lediglich irgendwo in dem Dateinamen oder der Dateibeschreibung vorkommen muss, oder ob er speziell im Namen des Interpreten (*Artist*) oder im Titel enthalten sein soll.

- Wenn Sie mit der Maus auf den Link *More Search Options* klicken, erhalten Sie darüber hinaus die Möglichkeit, weitere Suchkriterien festzulegen, wobei die angebotenen Optionen von der zuvor ausgewählten Medienkategorie abhängen. Um eines der Suchkriterien zu verwenden, kreuzen Sie die entsprechende Option an; daraufhin erhalten Sie für das ausgewählte Kriterium ein Eingabefeld, in das Sie den für dieses Kriterium gewünschten Suchbegriff eingeben können; für einige Kriterien besteht zudem die Möglichkeit, einen Eintrag aus einer Dropdown-Liste auszuwählen.

- Um die zusätzlichen Suchkriterien auszublenden und damit auch zu deaktivieren, klicken Sie auf den Link *Fewer search options*; mit dem Link *Back* kehren Sie stets zum allgemeinen Suchfeld zurück.

Sie können eine beliebige Kombination der Suchkriterien verwenden und diese auch mit Angaben in dem Feld *Search for* kombinieren, beachten Sie aber, dass immer nur solche Dateien gesucht werden, die alle von Ihnen vorgegeben Kriterien kumulativ erfüllen. Eine Suche nach Audio-Dateien mit dem Eintrag *River* im Feld *Title* aus der Kategorie *Jazz* findet somit nur solche Musikdateien, in deren Titel das Wort *River* vorkommt und die zudem der Kategorie *Jazz* zugeordnet sind.

Abbildung 18: Detaillierte Suche für Audio-Dateien.

Von zentraler Bedeutung bei der Suche nach mp3-Dateien ist deren Klangquali-tät, die von der Bitrate abhängt, mit der die Dateien „aufgezeichnet" wurden. Bei einer gezielten Suche nach Audiodateien können Sie mit Hilfe der Suchoption *Quality* Angaben über die gewünschte Bitrate vornehmen, allerdings stehen hier in der Programmversion 1.3 nur Bitraten bis zu 128 Kbit/s zur Verfügung, so dass eine gezielte Suche nach mp3-Dateien mit höherer Qualität nicht möglich ist. Lediglich wenn Sie vor der Installation von Morpheus 1.3 bereits eine frühe-re Programmversion installiert hatten, lassen sich hier möglicherweise auch Bitraten bis zu 320 Kbit/s vorgeben. Mit einem Trick können allerdings auch alle anderen Benutzer erreichen, dass bei der Suchoption *Quality* derart hohe Bitraten angeboten werden, hierzu ist es allerdings erforderlich, einen entsprechenden „Schlüssel" in der Windows *Registrierungsdatei* zu ändern; da Eingriffe in die Registrierungsdatei jedoch weitreichende und schwerwiegende Folgen haben können, sollte eine solche Änderung nur von versierten Benutzern vorgenommen werden. Ferner sollten zuvor sämtliche Anwendungsprogramme und insbesonde-re Morpheus geschlossen und ggf. eine Sicherungskopie der Registrierungsdatei erstellt werden, vgl. hierzu auch den Tip auf S. 76. Versierte Benutzer, die sich an die Registrierungsdatei „herantrauen", können den Registrierungseditor aufrufen, indem sie im Windows *Start*-Menü den Befehl *Ausführen...* wählen und in dem damit geöffneten Dialogfeld in das Eingabefeld *Öffnen* den Ausdruck *regedit* eingeben. Im Registrierungseditor ist anschließend der Eintrag

HKEY_CURRENT_USER/Software/Morpheus

zu wählen. Daraufhin wird in der rechten Fensterhälfte der Schlüssel *LimitBitrate* angezeigt. Hat dieser Schlüssel den Wert *1*, können mit Morpheus nur Audiodateien mit einer Bitrate bis zu 128 Kbit/s gesucht werden; diese Beschränkung kann aufgehoben werden, indem der Schlüssel den Wert *0* zugewiesen bekommt. Um den Wert des Schlüssels zu ändern, können Sie den Eintrag *LimitBitrate* markieren und anschließend den Befehl *Bearbeiten, Ändern* wählen. Dieser öffnet ein Dialogfeld, in dem der bisherige Wert angezeigt wird und überschrieben werden kann.

4.4 Weitere Dateien desselben Typs suchen

An jeder Stelle innerhalb von Morpheus, an der Dateinamen oder -beschreibungen aufgeführt werden – dies ist neben der Ergebnisliste des Suchfensters auch im Fenster *Traffic*, in dem die aktuellen Down- und Uploads angezeigt werden, sowie im *MyMedia*-Fenster, das der Dateiverwaltung dient, der Fall –, können Sie eine der aufgeführten Dateien auswählen und veranlassen, dass weitere Dateien desselben Interpreten oder desselben Albums gesucht werden; ebenso können Sie Morpheus auffordern, die übrigen Dateien, die von demselben Benutzer zur Verfügung gestellt werden, anzuzeigen. Wählen Sie hierzu die betreffende Datei durch einfaches Anklicken mit der Maus aus, und wählen Sie anschließend den Menübefehl *Actions, Find more from same...*; alternativ können Sie auch mit der rechten Maustaste auf den Dateieintrag klicken und den Befehl *Find more from same...* aus dem damit geöffneten Kontextmenü wählen.

Beachten Sie, dass auch die Suche nach weiteren Dateien desselben Interpreten, Albums oder Benutzers eine neue Suchanfrage startet und damit die bisherige Trefferliste überschreibt.

Kapitel 5

Dateien herunterladen

In diesem Abschnitt wird beschrieben, wie bei Morpheus das Herunterladen von Dateien veranlasst und gesteuert werden kann. Ein Dateidownload wird ausgehend von einer erfolgreichen Suche im *Search*-Fenster mit dem einfachen Menübefehl *Actions, Download* gestartet und ist insofern schnell beschrieben. Daneben bietet Morpheus jedoch verschiedene Möglichkeiten zur Steuerung und Überwachung der Download-Vorgänge und ermöglicht es zudem, Audio- und Video-Dateien bereits während des Downloads abzuspielen. Daneben ist es oftmals nützlich zu wissen, nach welchem Schema Morpheus beim Erstellen und Löschen von Dateien für erfolgreiche sowie gescheiterte bzw. abgebrochene Download-Vorgänge vorgeht; die Kenntnisse hierüber ermöglichen es einem, ggf. in die automatische Dateiverwaltung von Morpheus einzugreifen und helfen bei dem von Zeit zu Zeit unerlässlichen Aufräumen der Festplatte.

5.1 Starten des Download-Vorgangs

Um nach erfolgreicher Suche eine der Dateien aus der Trefferliste herunterzuladen, klicken Sie mit der rechten Maustaste auf den entsprechenden Eintrag, und wählen Sie aus dem damit geöffneten Kontextmenü den Befehl *Download*. Alternativ können Sie auch den betreffenden Eintrag durch einfaches Anklicken markieren und anschließend den Menübefehl *Actions, Download* wählen oder auf die Schaltfläche *Download* klicken.

Sie können das Herunterladen einer Datei auch starten, indem Sie mit der Maus auf den entsprechenden Eintrag in der Trefferliste doppelklicken.

Wenn Sie mehrere Dateien aus der Trefferliste herunterladen möchten, können Sie die beschriebenen Schritte für alle Dateien nacheinander wiederholen, Sie können aber auch zunächst alle gewünschten Dateien markieren und erst anschließend den *Download*-Befehl aufrufen. Um mehrere Dateien gleichzeitig zu markieren, klicken Sie diese bei gedrückter Strg-Taste nacheinander an; durch erneutes Anklicken einer bereits markierten Datei bei weiterhin gedrückter Strg-Taste heben Sie die Markierung für diese Datei wieder auf. Sollen mehrere unmittelbar hintereinander aufgeführte Dateien markiert werden, können Sie zunächst die oberste (unterste) der Dateien durch einfaches Anklicken markieren und anschließend bei gedrückter Shift-Taste auf die unterste (oberste) der auszuwählenden Dateien klicken.

5.2   Fortschritt verfolgen im Traffic-Fenster

Alle Dateien, die Sie während der aktuellen Sitzung zum Herunterladen ausgewählt haben, werden im oberen Bereich des *Traffic*-Fensters von Morpheus angezeigt, vgl. Abbildung 19. Dort können Sie für jede Datei neben dem Dateinamen und weiteren beschreibenden Merkmalen wie dem Interpreten und Titel einer Musikdatei vor allem den Status und Fortschritt des Download-Vorgangs ablesen.

Der Status des Download-Vorgangs wird in der gleichnamigen Spalte wie folgt beschrieben:

- *Connecting*. Es wird versucht, eine Verbindung zur Quelle der Datei herzustellen.

- *Downloading*. Die Datei wird aktuell heruntergeladen.

- *Completed*. Der Download ist beendet, die Datei wurde vollständig heruntergeladen.

- *Queued*. Der betreffende Download-Wunsch muss sich „in die Schlange einreihen" und warten, bis er an der Reihe ist: Wenn bereits mehrere Downloads gleichzeitig durchgeführt werden, stellt Morpheus neue Download-Anforderungen zunächst einmal zurück und beginnt mit dem Herunterladen, sobald derzeit aktive Downloads beendet sind. Wenn Sie nicht so lange warten, sondern unmittelbar mit dem Herunterladen beginnen möchten, können Sie dies veranlassen, indem Sie den betreffenden Eintrag markieren und anschließend den Menübefehl *Actions, Resume Download* wählen, s.u.

  Die Anzahl der gleichzeitig durchzuführenden Downloads können Sie manuell vorgeben; die entsprechende Einstellung nehmen Sie in dem Dialogfeld des Befehls *Tools, Options*, Registerkarte *Downloads and Uploads* vor, siehe hierzu auch Abschnitt 3.2, S. 29.

- *Paused*. Der Download-Vorgang wurde durch den Benutzer angehalten, aber nicht endgültig abgebrochen.

- *More sources needed*. Es steht derzeit keine Quelle zur Verfügung, von der die betreffende Datei heruntergeladen werden könnte. Zum Teil wird in diesem Fall auch eine Adresse der Art *http://musiccity...* als Status angezeigt.

- *Searching*. Morpheus sucht nach einem Client, der die betreffende Datei bereitstellt.

- *Cancelled*. Der Download-Vorgang wurde abgebrochen.

Für alle Dateien, die aktuell heruntergeladen werden, die also den Status *Downloading* haben, können Sie den Fortschritt des Download-Vorgangs an folgenden Angaben ablesen:

- *Downloaded/Total Size*. Hier werden die bisher heruntergeladene Datenmenge und die Gesamtgröße der Datei in Kilobyte angegeben.

- *Progress*. Der Anteil der heruntergeladenen Datenmenge an der Gesamtgröße der Datei wird grafisch dargestellt.

- *Speed*. Die aktuelle Geschwindigkeit, mit der die Datei heruntergeladen wird, in Kilobyte pro Sekunde.

- *Time Remaining*. Hier wird die geschätzte Zeit, die bis zum Beenden des Downloads noch benötigt wird, mitgeteilt. Bei stabilen Verbindungen und Dateiquellen ist diese Schätzung recht gut, liegt in manchen Fällen aber auch deutlich und zum Teil unerklärlich falsch.

Oftmals wird eine Datei in identischer Form von mehreren Benutzern zur Verfügung gestellt. Dies macht sich Morpheus mit der so genannten SmartStream-Technologie zunutze, indem es zum Herunterladen der Datei auf mehrere Quellen gleichzeitig zugreift und so den Download-Vorgang beschleunigt. Im *Traffic*-Fenster erscheint neben solchen Dateien, die von mehreren Quellen gleichzeitig heruntergeladen werden, in Plus-Zeichen; wenn Sie dieses anklicken, wird eine Liste aller für diesen Download verwendeten Quellen eingeblendet, wie es in Abbildung 19 für die zweite Datei aus der Download-Liste der Fall ist. Für jede dieser eingerückt dargestellten Quellen werden die oben beschriebenen Angaben wie Geschwindigkeit des Datenstroms und die bisher empfangene Datenmenge angezeigt. Der übergeordnete, nicht eingerückt dargestellte Eintrag fasst in einem solchen Fall die Werte der einzelnen Quellen zusammen und nennt somit die Gesamtgeschwindigkeit und das Gesamtvolumen bisher empfangener Daten, die sich aus der Summe der einzelnen Datenströme ergeben.

Morpheus sucht automatisch, ohne Veranlassung durch den Benutzer, nach den verfügbaren Quellen für eine Datei, um die jeweils schnellsten Verbindungen auszuwählen und mehrere Quellen zu kombinieren. Darüber hinaus können Sie Morpheus hierzu aber auch explizit auffordern. Klicken Sie dazu im *Traffic*-Fenster mit der rechten Maustaste auf die Datei, für die nach weiteren Quellen gesucht werden soll, und wählen Sie in dem damit geöffneten Kontextmenü den Befehl *Find more Sources for Download*.

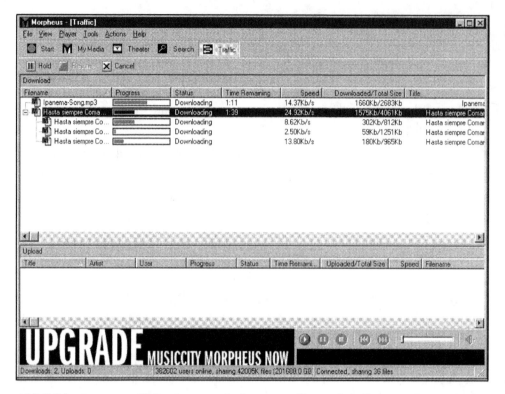

Abbildung 19: „Traffic"-Fenster mit der Darstellung aktueller Down- und Upload-Vorgänge.

5.3 Dateien während des Download-Vorgangs abspielen

Musikdateien können Sie bereits während des laufenden Download-Vorgangs anhören – wenn auch freilich nur so weit, wie die Datei bisher heruntergeladen wurde. Analog besteht auch die Möglichkeit, Video-Dateien bereits während des Herunterladens anzusehen, allerdings gelingt dies in der aktuell vorliegenden Version 1.3 von Morpheus nicht immer; vielmehr resultiert der Versuch, ein Video bereits beim Herunterladen zu betrachten, nicht selten lediglich in der Fehlermeldung *Player error*.

Audio-Dateien anhören

Zum Anhören von Audio-Dateien während oder auch nach Abschluss des Downloads können Sie den Player verwenden, der in der rechten unteren Ecke des *Traffic*-Fensters angezeigt wird, vgl. Abbildung 21. Die Funktionen dieses Players können Sie entweder über dessen Funktionstasten oder mittels der Befehle aus dem Menü *Player* aufrufen:

- *Play.* Um eine Datei während oder auch nach Abschluss des Download-Vorgangs anzuhören, markieren Sie diese in der Liste der Downloads, und klicken Sie anschließend auf *Play*, oder wählen Sie den Menübefehl *Player, Play*. Alternativ können Sie auch mit der rechten Maustaste auf den Dateieintrag klicken und in dem damit geöffneten Kontextmenü den Befehl *Preview/Play* wählen. Die aktuell oder zuletzt wiedergegebene Datei wird im „Display" des Players angezeigt, vgl. Abbildung 21.

- *Pause.* Hiermit können Sie ein Lied anhalten, ohne es vollständig zu stoppen; der Player merkt sich dabei, an welcher Stelle das Lied angehalten wurde, und Sie können das Abspielen an dieser Stelle fortsetzen, indem Sie erneut auf *Pause* klicken.

- *Stop.* Mit *Stop* beenden Sie das Abspielen eines Stückes.

- *Previous.* Hiermit wählen Sie die nachfolgende Datei in der Liste der Downloads aus. Ist dies ebenfalls eine Musikdatei, die zumindest teilweise bereits heruntergeladen wurde, wird diese neu ausgewählte Datei unmittelbar wiedergeben.

- *Next.* Analog zu *Previous* wählen Sie hiermit die vorhergehende Datei aus der Download-Liste aus.

- *Mute / Lautstärke.* Wenn Sie auf das Lautsprechersymbol des Players klicken, blendet sich ein Regler zur Einstellung der Lautstärke ein. Durch verschieben des Reglers können Sie die Lautstärke stufenlos ändern, mit der Option *Mute* schalten Sie den Ton aus.

Es versteht sich, dass Morpheus ein Stück immer nur so weit wiedergeben kann, wie es bisher heruntergeladen wurde; ist diese Stelle erreicht und der Download noch nicht abgeschlossen, so wird die Wiedergabe jedoch nicht gestoppt, sondern bleibt aktiv und wird Stück für Stück fortgesetzt, sobald wieder neue Daten der betreffenden Datei empfangen wurden. Da dies jedoch in der Regel kein wirklicher Hörgenuss ist, können sie die Wiedergabe mit *Stop* abbrechen oder mit *Pause* anhalten, um sie erst dann fortzusetzen, wenn wieder eine größere Datenmenge empfangen wurde.

Abbildung 21: Player zur Wiedergabe von Musikdateien.

Videos ansehen

Das betrachten von Video-Dateien während oder nach Abschluss des Downloads können Sie vollkommen analog zum Anhören von Musikdateien veranlassen und steuern. Um ein Video zu starten, markieren Sie also den betreffenden Eintrag im *Traffic*-Fenster, und wählen Sie den *Play*-Befehl aus dem Menü *Player*, dem Kontextmenü oder über die entsprechende Schaltfläche. Auch alle übrigen Funktionen des Players wirken in der oben beschriebenen Weise.

Ein Unterschied zum Anhören von Musikdateien besteht allerdings darin, das Videos stets in dem *Theater*-Fenster von Morpheus wiedergegeben werden. Das Starten eines Videos blendet daher automatisch das *Traffic*-Fenster aus und zeigt das Theater an, in dem das Video zunächst in einem Ausschnitt in der Mitte des Bildschirms gezeigt wird, vgl. Abbildung 22. Neben den Funktionen des *Players* bietet das Theater folgende zusätzliche Steuerungsmöglichkeiten:

- *Vollbildansicht.* Mit der Schaltfläche *Full Screen* können Sie veranlassen, dass der gesamte Bildschirm zur Wiedergabe des Videos verwendet wird. Damit werden auch alle Elemente von Morpheus vollständig ausgeblendet. Um die Vollbildansicht wieder zu beenden, klicken Sie zweimal mit der Maus auf das Video, oder tippen Sie zweimal die Leerzeichen-Taste. Dabei wird das Video automatisch angehalten, Sie können die Wiedergabe aber durch erneutes Klicken mit der Maus, erneutes Tippen der Leertaste oder mit der Pause-Funktion des Players weiter fortsetzen.

- *Größe variieren.* Wenn Sie mit der rechten Maustaste auf das Video klicken, öffnen Sie ein Kontextmenü, das unter anderem den Befehl *Size* bzw. *Vergrößern* enthält, mit dessen Unterbefehlen Sie die Darstellungsgröße variieren können. Dieses Kontextmenü können Sie auch verwenden, um zwischen der Vollbild- und der Normalansicht zu wechseln.

- *Pause durch Klicken.* Ein Klicken mit der Maus auf das Video sowie das Tippen der Leertaste wirken wie die Pause-Funktion des Players und halten damit das Video an bzw. setzen ein angehaltenes Video fort.

- *Verlassen des Theaters.* Sie verlassen das Theater wieder, indem Sie ein anderes Fenster aufrufen; um beispielsweise zum *Traffic*-Fenster zurückzukehren, klicken Sie auf die Schaltfläche *Traffic*, oder wählen Sie den Menübefehl *View, Traffic*. Das Verlassen des Theaters unterbricht zugleich die Wiedergabe des Videos, die jedoch fortgesetzt wird, sobald Sie das Theater wieder öffnen.

Wurde ein Video beim Verlassen des Theaters weder beendet noch gestoppt, so dass es durch das Verlassen des Theaters automatisch angehalten wird, ist es nicht möglich, etwa vom *Traffic*-Fenster aus ein neues Video zu starten; hierzu muss zuvor das aktive Video regulär gestoppt werden.

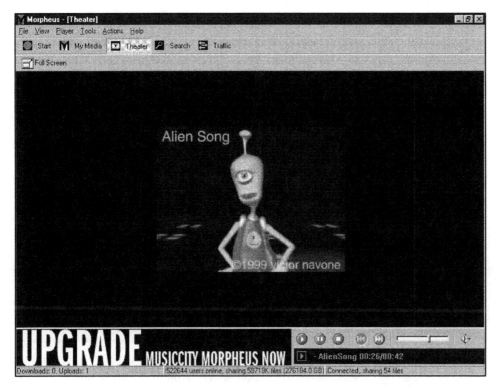

Abbildung 22: „Theater" von Morpheus mit der Wiedergabe eines Videos.

5.4 Downloads anhalten und abbrechen

Sie können aktive Download-Vorgänge auf verschiedene Weise anhalten oder endgültig abbrechen. Um die folgenden Befehle aufzurufen, markieren Sie zunächst die betreffende Datei, und wählen Sie anschließend den gewünschten Befehl aus dem Menü *Actions* oder aus dem Kontextmenü, das Sie durch Anklicken des zuvor markierten Eintrags mit der rechten Maustaste aufschlagen. Für einige Befehle stehen zudem entsprechende Schaltflächen zur Verfügung.

- *Pause Download.* Hiermit halten Sie den Download-Vorgang an, ohne ihn endgültig abzubrechen. Sie können das Herunterladen später jederzeit wieder aufnehmen, auch nachdem Sie Morpheus geschlossen und wieder geöffnet haben. Markieren Sie hierzu die angehaltene Datei, und wählen Sie den Befehl *Resume Download*.

- *Cancel Download.* Hiermit wird der Download-Vorgang abgebrochen und dauerhaft verworfen. Damit werden auch die bisher empfangenen Daten der betreffenden Datei dauerhaft gelöscht. (Im *Traffic*-Fenster wird zwar weiterhin das bereits empfangene Datenvolumen angezeigt, diese Daten stehen jedoch nicht mehr zur Verfügung.) Solange der zugehörige Eintrag im Traffic-Fenster während der aktuellen Sitzung noch angezeigt wird, können Sie das Herunterladen zwar ebenfalls mit dem Befehl *Resume Download* neu starten, Sie beginnen damit aber einen vollkommen neuen Download-Prozess und setzen nicht den zuvor abgebrochenen Vorgang fort.

- *Cancel all Downloads.* Mit diesem Befehl brechen Sie alle noch nicht abgeschlossenen Download-Vorgänge ab, unabhängig davon, welche Datei beim Ausführen des Befehls markiert ist. Die Wirkung in bezug auf jede betroffene Datei entspricht der des Befehls *Cancel Download.* Abgebrochen werden dabei nicht nur aktive Downloads, sondern auch solche, die angehalten wurden (*Paused*) oder sich in Warteposition befinden (*Queued*), für die gerade versucht wird, eine Verbindung herzustellen (*Connecting*), oder die mangels brauchbarer Quellen noch nicht gestartet wurden.

- *Clear Downloaded and Erroneous.* Dieser Befehl löscht die Einträge abgeschlossener und abgebrochener Download-Vorgänge und bewirkt damit lediglich eine Bereinigung der Download-Liste im *Traffic*-Fenster.

- *Clear all.* Hiermit brechen Sie alle noch nicht abgeschlossenen Download-Vorgänge ab und löschen die zugehörigen Einträge aus der Download-Liste. Die Einträge für bereits abgeschlossene oder manuell abgebrochene Vorgänge bleiben dagegen in der Liste stehen.

Sämtliche Manipulationen an den Download-Vorgängen wirken sich selbstverständlich auch auf die durch das Herunterladen generierten Dateien auf ihrer Festplatte aus, siehe hierzu im einzelnen Abschnitt 5.6.

5.5 Download starten oder wiederaufnehmen

Mit dem Befehl *Resume Download* können Sie Morpheus veranlassen, mit dem Herunterladen einer Datei zu beginnen bzw. fortzufahren, deren Download bisher zurückgestellt (*Queued*), von Ihnen angehalten (*Paused*) oder abgebrochen (*Cancelled*) wurde. Markieren Sie hierzu die betreffende Datei, und wählen Sie anschließend den Menübefehl *Actions, Resume Download.* Alternativ können Sie auch mit der rechten Maustaste auf den markierten Eintrag klicken und aus dem damit geöffneten Kontextmenü den Befehl *Resume Download* auswählen.

5.6   Temporäre Dateien während des Downloads

Alle heruntergeladenen Dateien werden von Morpheus in dem von Ihnen angegeben Zielordner gespeichert. Freilich kann sich die vollständige Datei dort erst befinden, nachdem der Download erfolgreich abgeschlossen wurde. Während des Downloads ist dagegen erst ein Fragment der gewünschten Datei vorhanden, das von Morpheus jedoch ebenfalls an dem von Ihnen vorgegeben Speicherort abgelegt wird, allerdings nicht unter dem späteren Dateinamen, sondern unter einem von Morpheus selbst generierten, etwas kryptischen wirkenden Namen der Art *kazaadownload9967532654657543.dat*; auch die Namenserweiterung entspricht vor dem erfolgreichen Abschluss des Downloads noch nicht dem Format der betreffenden Datei, sondern lautet stets *.dat*. Erst wenn die vollständige Datei erfolgreich heruntergeladen wurde, wird die Datei von Morpheus automatisch umbenannt und erhält ihren „richtigen" Namen.

Den Speicherort für heruntergeladene Dateien können Sie in dem Dialogfeld des Menübefehls *Tools, Options...*, Registerkarte *Downloads and Uploads* festlegen, siehe hierzu im einzelnen Abschnitt 3.2, S. 29.

Wird ein Download von Ihnen angehalten (*Paused*), so gilt dieser als noch nicht abgeschlossen, und das bisher heruntergeladene Dateifragment bleibt vorübergehend unter dem provisorischen Namen gespeichert. Dieses Dateifragment bleibt auch dann gespeichert, wenn Sie Morpheus beenden, ohne den Download zuvor fortzusetzen oder abzubrechen; entsprechend steht das Dateifragment weiter zur Verfügung, wenn Sie Morpheus später erneut starten, so dass im *Traffic*-Fenster auch weiterhin der angehaltene Downloadvorgang angezeigt wird und von Ihnen jederzeit fortgesetzt werden kann.

Wenn Sie Musikdateien im MP3-Format herunterladen, ist auch ein Dateifragment oftmals brauchbar in dem Sinne, dass der bereits heruntergeladene Teil des Audio-Stücks sinnvoll angehört werden kann. Dies ist auch mit den von Morpheus erstellten provisorischen Dateien möglich, wenn Sie die Namenserweiterung von *.dat* in *.mp3* ändern und die Datei mit Hilfe ihrer Audio-Software wiedergeben. Beachten Sie aber, dass Morpheus die Datei nach einer Namensänderung nicht mehr erkennen und damit nicht mehr korrekt verwalten kann, was insbesondere zur Folge hat, dass sich ein angehaltener Download-Vorgang nach einer Namensänderung nicht mehr fortsetzen lässt. Wenn Sie derartige Effekte vermeiden möchten, ist es daher erforderlich, die Datei nach dem Anhören wieder in den von Morpheus generierten Namen inklusive der Namenserweiterung *.dat* zurückzubenennen.

Brechen Sie einen Download dagegen vollständig ab, so wird das bisher heruntergeladene Dateifragment unmittelbar gelöscht. Damit stehen auch die bereits heruntergeladen Daten anschließend nicht mehr zur Verfügung.

 In einigen Fällen kommt es vor, dass die zu einem abgebrochenen Download-Vorgang gehörende Datei nicht unmittelbar gelöscht wird, beispielsweise wenn diese während oder unmittelbar vor dem Abbruch das Downloads im Player wiedergegeben wurde. In diesem Fall wird die provisorisch angelegte Datei jedoch später beim Beenden oder ggf. auch erst bei einem späteren Neustart von Morpheus automatisch gelöscht.

Kapitel 6

Steuerung der Uploads

Von zentraler Bedeutung bei der Nutzung von FileSharing-Systemen ist es, festzulegen, in welchem Umfang man anderen Benutzern einen Zugriff auf die eigenen Dateien gestattet. Es empfiehlt sich dabei generell, sämtliche Dateien, die anderen Benutzern zur Verfügung gestellt werden sollen, in einem oder mehreren ausgewählten Ordnern abzulegen, die ausschließlich solche Dateien enthalten, die anderen Benutzern zugänglich gemacht werden sollen. Dies ist nicht nur deshalb ratsam, weil es für einen selbst die Übersichtlichkeit erhöht und somit dazu beiträgt, dass nicht versehentlich Dateien, die unter Verschluss gehalten werden sollen, dem gesamten FileSharing-Netz zur Verfügung gestellt werden, sondern auch, weil die FileSharing-Anwendungen oftmals eine solche Dateiorganisation voraussetzen. Dies ist tendenziell auch bei Morpheus der Fall, obgleich mit einem gewissen Aufwand auch Abweichungen möglich sind.

Um nun den Zugriff anderer Benutzer auf Ihre eigenen Dateien zu steuern, können und sollten Sie folgende Einstellungen vornehmen:

- Zunächst können Sie festlegen, welche Ordner anderen Benutzern zugänglich gemacht werden sollen. Nachdem Sie einen Ordner „freigeschaltet" haben, werden grundsätzlich sämtliche in diesem Ordner enthaltenen Dateien einschließlich der Dateien aus den Unterverzeichnissen anderen Benutzern zur Verfügung gestellt, siehe hierzu den folgenden Abschnitt 6.1.

- Abweichend von der Regel, dass der gesamte Inhalt der freigeschalteten Ordner von anderen Benutzern heruntergeladen werden kann, lassen sich einzelne Dateien aus diesen Ordner sperren, so dass sie vor dem Zugriff durch andere Benutzer geschützt sind. Die Vorgehensweise hierzu wird unten in Abschnitt 6.2 beschrieben.

- Unabhängig von der Auswahl der Dateien, die Sie mit anderen Benutzern zu teilen bereit sind, können Sie die Anzahl der gleichzeitig durchgeführten Uploads begrenzen. Ferner ist es auch möglich, sämtlich Uploads durch andere Benutzer zu unterbinden. Siehe hierzu ebenfalls Abschnitt 6.2.

6.1 Auswählen der bereitzustellenden Dateien

Grundsätzlich wählen Sie die Ordner, deren Inhalte Sie mit anderen Benutzern teilen möchten, manuell in einem Ihre Festplatte abbildenden Verzeichnisbaum aus. Daneben haben Sie aber auch die Möglichkeit, Morpheus gezielt nach solchen Ordnern suchen zu lassen, die Mediendateien enthalten und daher typischerweise als Quelle für das FileSharing in Betracht kommen. Nach einer erfolgreichen Suche können Sie anschließend auswählen, welche dieser Ordner tatsächlich anderen Benutzern zugänglich gemacht werden sollen. Sowohl die manuelle Auswahl der Ordner als auch die Suche nach Medienordnern durch Morpheus werden im folgenden beschrieben.

Ordner manuell in der *Folder List* auswählen

Um die Ordner auszuwählen, deren Inhalte Sie anderen Benutzern zum Download zur Verfügung stellen möchten, wählen Sie den Menübefehl *Tools, Find Media to Share...*, und schlagen Sie in dem damit geöffneten Dialogfeld die Registerkarte *Folder List* auf, vgl. Abbildung 23. Die *Folder List* zeigt die Verzeichnisstruktur ihres PCs, die Sie in der üblichen Weise erweitern und reduzieren können. Markieren Sie in dieser Verzeichnisstruktur jene Ordner, deren Inhalte Sie anderen Benutzern zum Download zur Verfügung stellen wollen.

Beachten Sie hierbei, dass grundsätzlich sämtliche Dateien aus den markierten Ordnern sowie auch alle Dateien aus den Unterverzeichnissen dieser Ordner anschließend von anderen Benutzern heruntergeladen werden können. Stellen Sie daher unbedingt sind, dass sich in den von Ihnen ausgewählten Ordnern einschließlich der Unterverzeichnisse nur solche Dateien befinden, die Sie tatsächlich beliebigen anderen Benutzern zugänglich machen möchten. In Abbildung 23 wurde beispielsweise der Ordner *Morpheus* ausgewählt, womit nicht nur die in diesem Ordner enthaltenen Dateien, sondern auch alle Dateien des Unterverzeichnisses *Downloads* für andere Benutzer zur Verfügung gestellt werden. In Abbildung 23 sind die Ordner *Drives*, *Daten (D)*, *Zwsp*, *Morpheus* und *Downloads* markiert, wobei die Kästchen der ersten drei Ordner rot und die der beiden letztgenannten Ordner grau umrandet sind. Die grau umrandeten Ordner sind jene, deren Inhalte zum Download durch andere Benutzer zur Verfügung gestellt werden, während mit einem roten Rand solche Ordner dargestellt werden, deren unmittelbarer Inhalt nicht für andere Benutzer zugänglich ist, die aber auf einer niedrigeren Ebene des Verzeichnisbaums freigeschaltete Ordner enthalten.

Nachdem Sie bestimmt haben, welche Ordner für den Zugriff durch andere Benutzer freigeschaltet werden sollen, können Sie in dem Fenster *My Media* einzelne Dateien aus diesen Ordnern wieder sperren, so dass sich diese anschließend
nicht mehr durch andere Benutzer herunterladen lassen, siehe hierzu im einzelnen Abschnitt 6.2, S. 62.

Beim Auswählen der freigeschalteten Ordner ist es wichtig zu beachten, dass
Morpheus nicht immer in der erwarteten Weise und zum Teil auch fehlerhaft
reagiert. Daher sollten Sie, nachdem Sie Änderungen an der Ordnerauswahl
vorgenommen haben, das Ergebnis stets überprüfen; ein Hinweis auf den Erfolg
einer Änderung bietet die Anzahl der Dateien, die Sie aktuell zur Verfügung
stellen. Diese Anzahl wird am rechten Rand der Statusleiste mitgeteilt. Dabei
können vor allem folgende unerwartete Effekte auftreten:

- Generell kann es einige Zeit (mehrere Minuten) dauern, bis Änderungen an
  der Ordnerauswahl effektiv umgesetzt werden und sich auf die Auswahl der
  bereitgestellten Dateien auswirken.

- In einigen Fällen bewirkt das Auswählen eines Ordners, dass auch der übergeordnete Ordner von Morpheus ausgewählt und damit auch dessen Inhalt
  anderen Benutzern zur Verfügung gestellt wird. Eine solche Fehlreaktion
  können Sie unmittelbar an den entsprechenden Markierungen in der *Folder
  List* ablesen und lässt sich manchmal nicht anders vermeiden, als auf die
  Auswahl des gewünschten Ordners zu verzichten oder die Verzeichnisstruktur zu ändern und anschließend erneut eine Ordnerauswahl vorzunehmen.

- Nicht immer stimmt die Darstellung in der *Folder List* mit der tatsächlichen
  Ordnerauswahl überein. Insbesondere wenn Sie einen bisher freigeschalteten
  Ordner sperren, kann es vorkommen, dass diese Änderung in der *Folder List*
  wie erwartet angezeigt aber nicht effektiv umgesetzt wird, so dass die in dem
  Ordner sowie den Unterverzeichnissen enthaltenen Dateien weiterhin anderen Benutzern zugänglich sind. Dies ist sicherlich der schwerwiegendste Fehler, zumal er nicht ohne weiteres zu entdecken ist. Daher nochmals die Emp-
  fehlung, auch die in der Statuszeile ausgewiesene Anzahl der zur Verfügung
  gestellten Dateien sowie ggf. die einzelnen Dateien im *My Media*-Fenster
  (siehe Kapitel 7) im Auge zu behalten.

  Um Morpheus beim Auftreten eines solchen Fehlers zu zwingen, die Inhalte
  ehemals freigeschalteter Ordner nicht mehr anderen Benutzern zur Verfügung zu stellen, bleibt in einigen Fällen nur die Möglichkeit, Morpheus vollständig zu beenden und den betreffenden Ordner umzubenennen oder zu verschieben. Beim nächsten Start von Morpheus sollte der nun umbenannte oder
  verschobene Ordner von Morpheus nicht mehr als freigeschaltet angesehen
  werden.

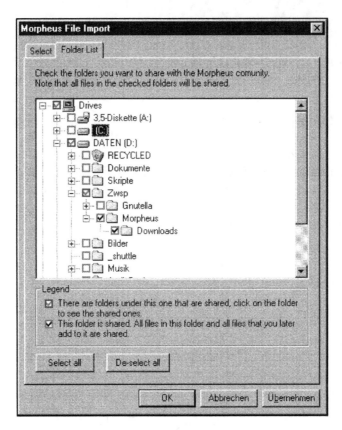

Abbildung 23: Dialogfeld des Befehls „Tools, Find Media to Share.." zum Auswählen der Ordner mit den zur Verfügung zu stellenden Dateien.

Ordner mit Mediendateien durch den *Import Wizard* suchen lassen

Mit dem so genannten *Import Wizard* können Sie ihre Festplatten nach Ordnern durchsuchen lassen, die überwiegend solche Mediendateien enthalten, die typischerweise in FileSharing-Netzen unter den Benutzern ausgetauscht werden. Hierzu zählt Morpheus alle Audio-, Video- und Bilddateien. Um nach derartigen Ordnern zu suchen, gehen Sie wie folgt vor (vgl. auch Abbildung 25):

- Wählen Sie den Menübefehl *Tools, Find Media to Share...*, der das Dialogfeld *Morpheus File Import* öffnet.

- Klicken Sie in dem Dialogfeld auf die Schaltfläche *Import Wizard*. Diese öffnet ein weiteres Dialogfeld, das lediglich einen einleitenden Text enthält; klicken Sie hier auf die Schaltfläche *Next* bzw. *Weiter*, um so das Dialogfeld *Select drives* zu öffnen.

- Das Dialogfeld *Select drives* listet alle verfügbaren Laufwerke Ihres PCs auf. Kreuzen Sie hier jene Laufwerke an, die im folgenden nach Ordnern mit Mediendateien durchsucht werden sollen, und klicken Sie anschließend auf die Schaltfläche *Next* bzw. *Weiter*.

- Daraufhin startet der Suchvorgang, der einige Sekunden in Anspruch nehmen kann; sobald die Suche abgeschlossen ist, wird dies in einem neuen Dialogfeld mit dem Hinweis *Scan complete!* Angezeigt; bestätigen Sie dieses Dialogfeld erneut mit *Next* bzw. *Weiter*.

- Das folgenden Dialogfeld zeigt eine Liste aller von Morpheus gefundenen Ordner, die überwiegend Audio-, Video- oder Bilddateien enthalten. Kreuzen Sie in dieser Liste jene Ordner an, die Sie für das FileSharing freischalten möchten, deren Inhalte also anderen Benutzern zum Herunterladen zur Verfügung gestellt werden sollen. Mit der Schaltfläche *Select all* können Sie alle gefunden Ordner markieren, mit der Schaltfläche *Deselect all* heben Sie entsprechend die Markierung für alle Ordner in der Liste auf.

- Nachdem Sie die gewünschten Ordner markiert haben, bestätigen Sie die Auswahl mit *Next* bzw. *Weiter*. Daraufhin erscheint lediglich noch der Hinweis *Import complete*, den Sie nur noch mit der Schaltfläche *Finish* bzw. *Fertig stellen* bestätigen können. Beachten Sie, dass die Schaltfläche *Abbrechen* an dieser Stelle keine Funktion mehr hat; insbesondere bewirkt das Abbrechen des Vorgangs an dieser Stelle nicht, dass die im vorhergehenden Schritt ausgewählten Ordner doch nicht freigeschaltet werden.

  In jedem Fall sollten Sie das Ergebnis des *Import Wizards* nach dessen Abschluss in der *Folder List* überprüfen. Diese zeigt an, welche Ordner aktuell für den Zugriff durch andere Benutzer freigeschaltet sind, siehe hierzu im einzelnen den vorhergehenden Abschnitt. Eine solche Überprüfung ist insbesondere deshalb ratsam, weil es in einigen Fällen vorkommen kann, dass durch Freischaltung eines Ordners zugleich der über- und ohnehin auch die untergeordneten Ordner freigeschaltet werden.

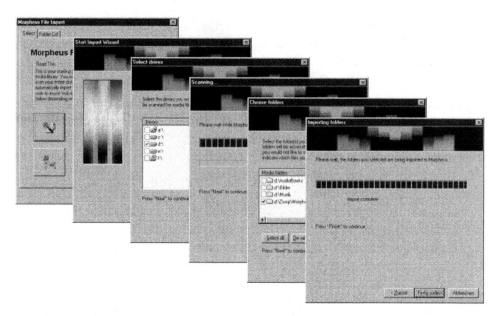

Abbildung 25: „Import-Wizard" zum Auswählen von Ordnern mit Medien-Dateien, die für andere Benutzer freigeschaltet werden sollen.

6.2   Dateien sperren und Anzahl der Uploads begrenzen

Sperren einzelner Dateien

Enthalten die Ordner, die Sie generell für das FileSharing freigeschaltet haben, einzelne Dateien, die Sie nicht anderen Benutzern zur Verfügung stellen möchten, können Sie diese auf der *My Media*-Seite von Morpheus sperren:

➢ Öffnen Sie die *My Media*-Seite, indem Sie auf die entsprechende Schaltfläche klicken oder den Menübefehl *View, My Media* wählen.

➢ Lassen Sie sich die Datei, deren Status Sie verändern möchten, in der Dateiliste anzeigen, beispielsweise indem Sie im Gliederungsbaum die Kategorie *All* auswählen, um so alle von Morpheus verwalteten Dateien anzuzeigen. (Siehe zur *My Media*-Seite im einzelnen Kapitel 7.)

frei
gesperrt

An dem für jede aufgelistete Datei angezeigten Dateisymbol können Sie erkennen, ob die betreffende Datei aktuell zum Upload freigeschaltet oder gesperrt ist: Bei freigeschalteten Dateien wird das Dateisymbol mit einer Hand dargestellt, bei gesperrten Dateien erscheint diese Hand nicht.

➤ Um den Status einer Datei zu ändern, markieren die den betreffenden Eintrag, und klicken Sie anschließend auf die Schaltfläche *Share*. Diese erscheint eingedrückt, wenn eine freigeschaltete Datei markiert ist, und erhaben, wenn die markierte Datei nicht freigeschaltet ist. Alternativ können Sie auch das Kontextmenü verwenden: Klicken Sie mit der rechten Maustaste auf die Datei, deren Status geändert werden soll, und wählen Sie aus dem damit geöffneten Kontextmenü den Befehl *Stop Sharing*, um eine Datei zu sperren, bzw. *Start Sharing*, um die Sperrung einer Datei aufzuheben. Diese beiden Befehle stehen auch in dem Menü *Actions* zur Verfügung.

Wenn Sie eine Datei sperren, erscheint ein Hinweis, dass es bis zu 10 Minuten dauern kann, bis die Sperrung effektiv umgesetzt wird. Um die Sperrung dennoch durchzuführen, bestätigen Sie das Dialogfeld mit *Yes*. Wenn dieser Warnhinweis in Zukunft nicht mehr eingeblendet werden soll, kreuzen Sie zuvor die Option *Do not show this warning again* an.

Sie können mehrere Dateien gleichzeitig sperren oder freischalten, indem Sie diese in der üblichen Weise mit Hilfe der Shift- und Strg-Tasten gemeinsam markieren, bevor Sie die Änderung des Status über die Schaltfläche oder Menübefehle vornehmen.

Uploads begrenzen und vollständig unterbinden

Sie können die Anzahl der gleichzeitig durchgeführten Uploads begrenzen oder auch festlegen, dass überhaupt keine Dateien durch andere Benutzer von Ihrem PC heruntergeladen werden dürfen. Wählen Sie hierzu den Menübefehl *Tools, Options...*, und schlagen Sie in dem damit geöffneten Dialogfeld die Registerkarte *Downloads and Uploads* auf, die in Abbildung 26 wiedergegeben ist. Zur Steuerung der Uploads können Sie hier die folgenden Einstellungen vornehmen:

- *Anzahl der Uploads begrenzen.* Per Voreinstellung ist die Anzahl der gleichzeitig zulässigen Uploads in dem Feld *You can define the maximum number of simultaneous uploads here* als unbegrenzt festgelegt. Um die Anzahl gleichzeitiger Uploads zu begrenzen, geben Sie hier den gewünschten Maximalwert ein. So wird in Abbildung 26 festgelegt, dass höchstens fünf Dateien gleichzeitig von anderen Benutzern heruntergeladen werden dürfen.

Neben der Anzahl gleichzeitiger Uploads können Sie auch die für Uploads zur Verfügung gestellte Bandbreite begrenzen. Dies geschieht ebenfalls in dem Dialogfeld des Befehls *Tools, Options...*, dort allerdings in der Registerkarte *Advanced*, siehe hierzu im einzelnen Abschnitt 3.2, S. 31.

- *Uploads unterbinden.* Um zu erreichen, dass andere Benutzer keine Dateien von Ihrem PC herunterladen können, müssen Sie nicht sämtliche Dateien oder Ordner einzeln Sperren, sondern es genügt, die Option *Disable sharing of files with other Morpheus members* anzukreuzen. Sie selbst können auch danach weiterhin Dateien von anderen Benutzern herunterladen, lediglich der Zugriff auf Ihre eigenen Dateien durch andere Benutzer wird durch diese Option unterbunden.

Wenn Sie Änderungen an den Einstellungen vorgenommen haben, müssen diese mit der Schaltfläche *OK* oder *Übernehmen* bestätigt werden. Beachten Sie hierbei aber, dass es einige Zeit dauern kann, bis die Änderungen effektiv umgesetzt werden, dies gilt insbesondere für das vollständige Unterbinden von Uploads durch andere Benutzer. Um die Umsetzung der Änderungen zu beschleunigen, kann es in einigen Fällen sinnvoll sein, die Verbindung zum FileSharing-Netz kurz zu trennen und anschließend wieder herzustellen (mit den Befehlen *File, Disconnect* bzw. *File, Connect*) oder auch Morpheus kurz vollständig zu schließend und anschließend wieder zu öffnen. Ob Sie aktuell anderen Benutzern Dateien zur Verfügung stellen, können Sie in der Statusleiste ablesen. Wenn sämtliche Uploads unterbunden sind, erscheint dort auf der rechten Seite der Hinweis *Not sharing any files*, andernfalls wird dort die Anzahl der anderen Benutzern zur Verfügung gestellten Dateien ausgewiesen.

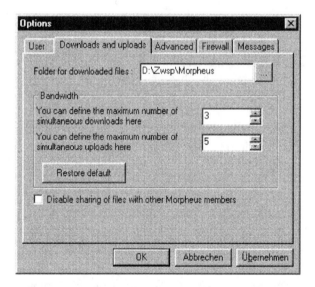

Abbildung 26: Einstellungen zum Begrenzen der Uploads.

6.3 Aktuelle Uploads im Traffic-Fenster verfolgen

Im *Traffic*-Fenster wird neben Ihren eigenen Downloads auch angezeigt, welche Dateien aktuell durch andere Benutzer von Ihrer Festplatte heruntergeladen werden. Hierzu wird im Fensterbereich *Uploads* vollkommen Analog zur Darstellung der Downloads jeder Upload der laufenden Sitzung unter Angabe von Dateinamen, Übertragungsgeschwindigkeit, Nutzer etc. aufgeführt. Sie haben auch die Möglichkeit, einzelne oder sämtliche Uploads abzubrechen, allerdings wird der Abbruch eines Uploads häufig nur dazu führen, dass dieser nach kurzer Zeit automatisch wieder aufgenommen wird. Möchten Sie weitere Uploads unterbinden, müssen Sie dies wie oben beschrieben in dem Dialogfeld des Befehls *Tools, Options...* festlegen. Soll nur der Upload bestimmter Dateien unterbunden werden, sperren Sie die betreffende Datei im *My Media*-Fenster.

Kapitel 7

My Media

Das *My Media*-Fenster ermöglicht es Ihnen, Ihre eigenen Medien-Dateien zu verwalten, allerdings nur soweit diese in einem Ordner abgelegt sind, den Sie als Quelle für Uploads freigeschaltet haben, dessen Inhalte Sie also grundsätzlich anderen Benutzern zur Verfügung stellen. Die Dateien dieser Ordner werden im *My Media*-Fenster geordnet nach Medientyp einerseits und inhaltlichen Kategorien andererseits wiedergegeben und lassen sich dort mit Beschreibungsmerkmalen versehen, gegen Uploads sperren und auch löschen. Zudem können Sie Audio- und Video-Dateien vom *My Media*-Fenster aus abspielen und haben dabei auch die Möglichkeit, mehrere Audio- oder Video-Dateien in einer „Playlist" zusammenzustellen, um sie automatisch nacheinander wiedergeben zu lassen.

7.1 Dateiverwaltung

Auf der *My Media*-Seite werden alle Dateien der als Quelle für Uploads freigeschalteten Ordner aufgeführt. Daher können Sie in diesem Fenster auch überprüfen, ob tatsächlich nur solche Dateien anderen Benutzern zur Verfügung gestellt werden, die Sie tatsächlich mit der Gemeinschaft teilen möchten. Zudem können Sie hier einzelne Dateien sperren, so dass diese nicht mehr von anderen Benutzern heruntergeladen werden können, obwohl sie in einem freigeschalteten Ordner abgelegt sind. Um die *My Media*-Seite anzuzeigen, verwenden Sie die entsprechende Schaltfläche oder den Menübefehl *View, My Media*.

Gliederungsbaum

Mit der Schaltfläche *Folders* (Menübefehl *View, Folders*) können Sie einen Gliederungsbaum ein- und ausblenden Dieser Gliederungsbaum fungiert als eine Art Filter, mit dessen Hilfe Sie eine Auswahl aus Ihren Mediendateien treffen, so dass nicht sämtliche Dateien auf der *My Media*-Seite aufgelistet werden, sondern beispielsweise nur Dateien bestimmten Medientyps und bestimmten Inhalts wie etwa ausschließlich alle Audiodateien eines Interpreten. So werden auf der *My Media*-Seite in Abbildung 28 von den insgesamt 42 Dateien lediglich die zwei *Audio*dateien, die der Musikrichtung *Latin* zugeordnet sind, aufgeführt.

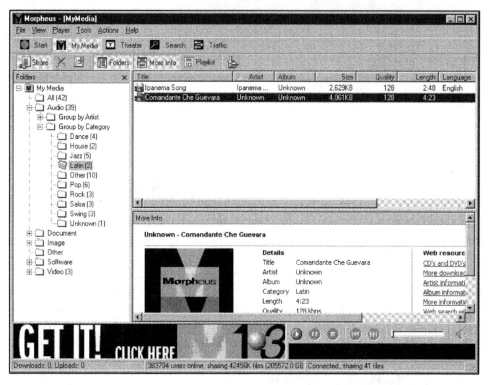

Abbildung 28: „My Media"-Fenster zur Verwaltung der eigenen Dateien.

Dateibeschreibungen

Die Zuordnung der Dateien zu den verschiedenen Kategorien wird von Morpheus zunächst automatisch vorgenommen, richtet sich dabei aber nach den Dateibeschreibungen, die Sie für jede Datei beliebig ändern können. Die Dateibeschreibungen umfassen beispielsweise für Audiodateien Angaben über den Interpreten, den Titel, das Erscheinungsjahr, den Musikstil etc. Diese Angaben werden auf der *My Media*-Seite für jede Datei in der Dateiliste nebeneinander aufgeführt. Mit der Schaltfläche *More Info* (Menübefehl *View, More Info*) können Sie zudem eine Kurzübersicht einblenden, in der die Merkmale der jeweils ausgewählten Datei in kompakter Form wiedergegeben werden.

Um die Beschreibung für eine Datei zu ändern, klicken Sie mit der rechten Maustaste auf den betreffenden Dateieintrag, und wählen Sie aus dem damit geöffneten Kontextmenü den Befehl *Edit Details*; alternativ können Sie auch den Dateieintrag markieren und anschließend den Menübefehl *Actions, Edit Details...* aufrufen. Hiermit öffnen Sie das in Abbildung 29 widergegebene Dialogfeld, in dem sich die Beschreibungsmerkmale für die ausgewählte Datei beliebig ändern lassen; für die meisten Kategorien können Sie dabei einen freien Text eingeben, einige Kategorien wie etwa der Musikstil oder die Sprache erlauben dagegen ausschließlich eine Auswahl aus einer vordefinierten Liste.

Beachten Sie bei der Wahl der Dateibeschreibungen, dass diese auch strukturierende Funktionen wahrnehmen. So bilden etwa die Angaben über die Musikrichtung und den Interpreten bei Audiodateien auch die Grundlage der Gliederung auf der *My Media*-Seite. Daher ist es generell zweckmäßig, auf eine einheitliche Schreibweise der Interpreten zu achten, damit Morpheus die Zugehörigkeit mehrerer Titel zum selben Interpreten erkennt. Zudem erleichtert eine präzise und korrekte Beschreibung der Dateien anderen Benutzern, die gesuchten Dateien schnell und zuverlässig zu finden.

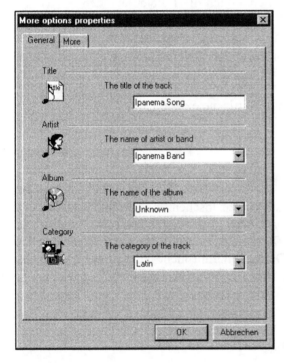

Abbildung 29: Dialogfeld des Befehls „Edit Details"
zum Bearbeiten der Dateibeschreibung.

Möchten Sie eine Datei lediglich einer anderen Kategorie des Gliederungsbaums zuordnen, ist dies nicht nur über den Befehl *Edit Details* möglich, sondern Sie können die Datei auch mit der Maus in die gewünschte Kategorie verschieben. Markieren Sie hierzu die betreffende(n) Datei(en), und ziehen Sie diese anschließend über den entsprechenden Knoten im Gliederungsbaum. Dadurch wird automatisch der jeweilige Eintrag in der Dateibeschreibung geändert.

Dateien bewerten

Neben rein deskriptiven Angaben können Sie auch eine subjektive Bewertung der Dateien vornehmen. Klicken Sie hierzu mit der rechten Maustaste auf eine zu bewertende Datei, und wählen Sie aus dem Kontextmenü den Befehl *Rate* und daraus eine der angebotenen Kategorien von *Very bad* bis *Very good* bzw. *Not rated*, um eine bestehende Bewertung aufzuheben. Eine solche Bewertung können Sie auch für mehrere Dateien gleichzeitig vornehmen, indem Sie diese zuvor gemeinsam markieren.

Dateien Sperren und Entsperren

Auf der *My Media*-Seite werden ausschließlich die Dateien aus den für das FileSharing freigeschalteten Ordnern aufgeführt. Dementsprechend können diese Dateien grundsätzlich von anderen Benutzern heruntergeladen werden, siehe hierzu auch Kapitel 6. Um dies zu unterbinden, müssen Sie die einzelnen Dateien explizit sperren; markieren Sie hierzu die betreffenden Dateien, und wählen Sie anschließend den Befehl *Stop Sharing* aus dem Kontextmenü oder dem Menü *Actions*, oder klicken Sie auf die Schaltfläche *Share*. Um eine gesperrte Datei wieder freizuschalten, verwenden Sie ebenfalls die Schaltfläche *Share* oder den Befehl *Start Sharing*, siehe auch hierzu detaillierter Kapitel 6.

Löschen, Lokalisieren und Speichern von Dateien

Um eine oder mehrere Dateien dauerhaft zu löschen, markieren Sie diese, und tippen Sie anschließend die *Entfernen*-Taste, oder wählen Sie den Menübefehl *Actions, Delete* bzw. den Befehl *Delete* aus dem Kontextmenü. Beachten Sie jedoch, dass Sie die betreffenden Dateien hiermit nicht nur von der *My Media*-Seite entfernen, sondern dauerhaft von der Festplatte löschen. Die Datei wird auch nicht in den Papierkorb von Windows verschoben, sondern endgültig gelöscht. Hierauf werden Sie bei jedem Löschvorgang in einer Warnung hingewiesen; um die Datei dennoch zu löschen, bestätigen Sie die Warnung mit *Delete*, andernfalls brechen Sie den Vorgang mit *Cancel* ab.

Der Befehl *Locate File* aus dem Kontextmenü bzw. dem Menü *Actions* öffnet ein Fenster des Windows *Explorers*, in dem der Ordner, der die aktuell markierte Datei enthält, angezeigt wird. In diesem Fenster können Sie alle üblichen Operationen vornehmen, wie Sie es vom Windows *Explorer* gewöhnt sind, Sie können die angezeigten Dateien also beispielsweise umbenennen, löschen oder kopieren.

Wenn Sie eine Datei mit dem Befehl *Save as* speichern, erstellen Sie im Ergebnis eine Kopie der betreffenden Datei. Dieser Befehl aus dem Kontextmenü
sowie dem Menü *Actions* öffnet das bekannte Dialogfeld *Speichern unter*, in
dem Sie die zuvor ausgewählte Datei in einem neuen Ordner und/oder unter
einem neuen Namen speichern können. Dabei bleibt die bisherige Datei unverändert erhalten, so dass im Ergebnis eine Kopie erstellt wird. Soll die ursprüngli-
che Datei dagegen ersetzt werden, müssen Sie diese anschließend mit *Delete*
explizit entfernen.

7.2 Playlist

Erstellen einer Playlist

Eine Playlist ist eine Zusammenstellung von Audio- und/oder Videodateien, die
automatisch nacheinander abgespielt werden sollen. Um eine solche Playlist zu
erstellen, gehen Sie wie folgt vor:

- *Playlist-Feld einblenden.* Blenden Sie auf der *My Media*-Seite ggf. zunächst
  das Playlist-Feld ein, indem Sie auf die Schaltfläche *Playlist* klicken oder den
  Befehl *View, Playlist* wählen. Das Playlist-Feld wird unter der allgemeinen
  Dateiliste angezeigt und kann nur alternativ zum Feld *More Info* dargestellt
  werden.

- *Playlist zusammenstellen.* Stellen Sie nun die Playlist zusammen. Um eine
  Datei in die Playlist aufzunehmen, markieren Sie diese in der allgemeinen
  Dateiliste, und klicken Sie anschließend auf die abgebildete Schaltfläche,
  oder wählen Sie den Befehl *Add to Playlist* aus dem Kontextmenü oder dem
  Menü *Actions*. Alternativ können Sie auch den Eintrag der aufzunehmenden
  Datei aus der allgemeinen Dateiliste mit der Maus über das Playlist-Feld zie-
  hen.

  Wenn Sie eine Datei in die Playlist aufnehmen, wird dort lediglich eine
  Verknüpfung zu der betreffenden Datei hergestellt; die Datei selbst bleibt
  unverändert an ihrem bisherigen Ort erhalten.

- *Reihenfolge der Dateien festlegen.* Sie können die Reihenfolge der Dateien in
  der Playlist verändern, indem Sie die Einträge im Playlist-Feld mit der Maus
  oder den Befehlen *Move up* und *Move down* aus dem Kontextmenü nach
  oben oder unten verschieben.

- *Dateien aus der Playlist entfernen.* Um eine Datei aus der Playlist zu entfernen, markieren Sie den betreffenden Eintrag, und tippen Sie die Entfernen-
  Taste, oder klicken Sie auf die abgebildete Schaltfläche. Alternativ können

Sie auch den Befehl *Delete* aus dem Kontextmenü oder dem Menü *Actions* verwenden. Sollen alle Einträge aus der Playlist gelöscht werden, wählen Sie den Befehl *Player, Clear Playlist*. Diese Vorgänge wirken sich ausschließlich auf die Playlist aus und lassen die eigentlichen Dateien unberührt.

Abspielen einer Playlist

Wenn Sie eine Playlist abspielen möchten, stellen Sie zunächst sicher, dass diese im Playlist-Feld angezeigt wird (zum Speichern und Öffnen einer bestehenden Playlist s.u.). Markieren Sie anschließend den ersten Titel der Playlist (bzw. den Titel, bei dem Sie „einsteigen" möchten), und wählen Sie den Befehl *Player, Play*, oder verwenden Sie die entsprechende Schaltfläche des Players.

Um während des Abspielens zum nächsten oder vorhergehenden Titel zu springen, verwenden Sie die Befehle *Next* und *Previous* aus dem Menü *Player* oder die entsprechenden Schaltflächen.

Soll die Playlist in einer Endlosschleife wiederholt werden, kreuzen Sie die Option *Loop* im Menü *Player* an; mit der Option *Shuffle* wird die Playlist nicht in der festgelegten Reihenfolge der Titel, sondern in zufälliger Reihenfolge abgespielt.

Speichern und Öffnen einer Playlist

Nachdem Sie eine Playlist zusammengestellt haben, können Sie diese mit dem Befehl *Player, Save Playlist...* speichern. Das Speichern einer Playlist erzeugt eine sehr kleine Textdatei, in der die Zusammenstellung festgehalten wird, und für die Morpheus die Namenserweiterung *.pl* vorgesehen hat. Der Befehl *Save Playlist...* öffnet ein Dialogfeld, in dem Sie wie üblich den Speicherort sowie den Namen für die Playlist-Datei festlegen können. Wenn Sie die Angaben vorgenommen haben, bestätigen Sie das Dialogfeld mit *Speichern* bzw. *Save*.

Um eine gespeicherte Playlist wieder zu öffnen, rufen Sie den Befehl *Player, Load Playlist...* auf, und wählen Sie in dem damit geöffneten Dialogfeld die betreffende Datei aus.

Soll eine gespeicherte Playlist dauerhaft gelöscht werden, können Sie einfach die zugehörige Playlist-Datei im Explorer oder auch im Dialogfeld des Befehls *Player, Load Playlist...* löschen.

Kapitel 8

Deinstallieren von Morpheus

Um Morpheus zu deinstallieren, verwenden Sie die Windows *Systemsteuerung*. Stellen Sie zunächst sicher, dass das Programm Morpheus vollständig geschlossen ist (siehe hierzu Abschnitt 3.4); zudem empfiehlt es sich generell, auch alle übrigen Anwendungsprogramme vor der Deinstallation zu beenden. Wählen Sie anschließend über die *Start*-Schaltfläche der Windows Taskleiste den Befehl *Einstellungen, Systemsteuerung*, und doppelklicken Sie in dem damit geöffneten Fenster auf das Icon *Software*, um so das Windows-Dialogfeld zum Installieren und Deinstallieren von Anwendungsprogrammen zu öffnen, vgl. Abbildung 30.

Software

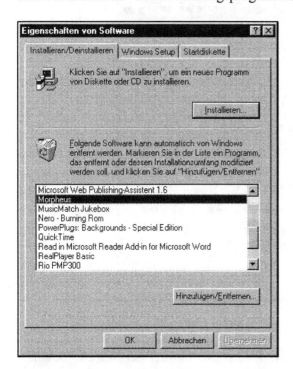

Abbildung 30: Dialogfeld des Icons „Software" aus der Windows Systemsteuerung zum Installieren und Deinstallieren von Anwendungsprogrammen.

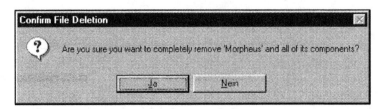

Wählen Sie in diesem Dialogfeld in der Liste der installierten Anwendungen den Eintrag *Morpheus* aus, und klicken Sie anschließend auf die Schaltfläche *Hinzufügen/Entfernen...* Daraufhin erscheint zunächst der Warnhinweis aus Abbildung 31, der es Ihnen noch einmal ermöglicht, die Deinstallation mit *Nein* abzubrechen.

Abbildung 31: Warnung vor dem Deinstallieren von Morpheus.

Wenn Sie das Dialogfeld aus Abbildung 31 mit *Ja* bestätigen, wird unmittelbar die Deinstallation von Morpheus durchgeführt. Der Fortschritt der Deinstallation wird in dem in Abbildung 32 wiedergegebenen Dialogfeld beschrieben.

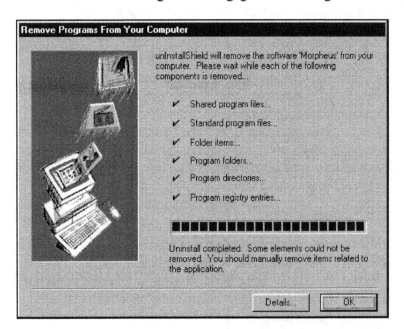

Abbildung 32: Darstellung des Deinstallationsvorgangs.

Wenn der Vorgang abgeschlossen ist, können Sie mit der Schaltfläche *Details...* eine Liste mit „Fehlermeldungen" einblenden, die insbesondere angibt, ob und ggf. welche Komponenten von Morpheus nicht entfernt werden konnten, allerdings werden in dieser Liste keineswegs alle von Morpheus hinterlassenen Spuren aufgeführt (s.u.). Mit der Schaltfläche *OK* schließen Sie das Dialogfeld aus Abbildung 32; damit ist der Deinstallationsvorgang beendet.

Wie bereits erwähnt, werden bei der Deinstallation von Morpheus nicht alle Spuren des Programms vollständig beseitigt. Folgende Elemente bleiben typischerweise zurück:

- Der Programmordner, in dem Morpheus installiert wurde, sowie ggf. einige Dateien, in denen Angaben über die mit Morpheus heruntergeladenen bzw. von Morpheus verwalteten Dateien gespeichert sind. Diese Dateien haben Namen der Art *data123.dbb* und befinden sich in einem Unterverzeichnis des Programmordners von Morpheus mit dem Namen *Db*. Sowohl diese Dateien als auch der Programmordner können grundsätzlich ohne Bedenken manuell gelöscht werden, beachten Sie aber, dass der Programmordner auch noch weitere Dateien beinhalten kann, so dass Sie diesen nicht voreilig löschen sollten (s.u.).

- Dateien, die Sie mit Morpheus heruntergeladen haben, werden bei der Deinstallation von Morpheus nicht entfernt. Dies impliziert, dass auch die Ordner, in denen die heruntergeladenen Dateien abgelegt sind, erhalten bleiben. Dies gilt auch für den von Morpheus erstellten Ordner *My Shared Folder*, sofern Sie mindestens eine Datei in diesem Ordner abgelegt haben.

- Unter Umständen werden auch nicht alle zu Morpheus gehörenden Symbole vom Windows *Desktop* sowie aus dem Windows *Start*-Menü automatisch entfernt, insbesondere dann, wenn Sie diese Symbole manuell erstellt oder verschoben hatten.

- Zudem bleiben in den Windows Systemdateien *System.dat* und *User.dat* Einträge von Morpheus mit benutzerspezifischen Angaben erhalten. Insbesondere werden hier auch der Benutzername (*Username*) und das Passwort sowie die von Ihnen vorgenommenen Morpheus-Grundeinstellungen wie etwa die Ziel- und Quellordner für Dateidown- und -uploads festgehalten. Diese Angaben werden von Morpheus auch automatisch wieder übernommen, wenn Sie das Programm neu installieren. Obwohl das Verbleiben dieser Einträge sehr ärgerlich ist, sollten Sie davon absehen, die Angaben manuell zu entfernen, da dies sehr leicht irreparable Beschädigungen an den Systemdateien verursachen und damit gravierende Folgeprobleme nach sich ziehen kann.

Sollten Sie die Einträge in den Windows Systemdateien dennoch manuell entfernen wollen, verwenden Sie hierzu den Registrierungseditor von Windows. Um diesen zu öffnen, wählen Sie im Windows *Start*-Menü den Befehl

Ausführen, geben Sie in das Eingabefeld *Öffnen* des damit aufgerufenen Dialogfelds den Befehl *regedit* ein, und bestätigen Sie mit *OK*. Daraufhin wird der Registrierungseditor angezeigt, der die Inhalte der Windows Systemdateien *system.dat*, *user.dat* sowie ggf. *classes.dat* (in Abhängigkeit von der Windows-Version, mit der Sie arbeiten) in geordneter, aber für den Laien noch immer nicht verständlicher Weise darstellt. Die von Morpheus eingefügten und nach der Deinstallation verbliebenen „Schlüssel" finden sich in der Gruppe *HKEY_CURRENT_USER* und dort in der Kategorie *Software* unter den Einträgen *Morpheus* und *Kazaa/Morpheus*. Grundsätzlich können Sie diese Einträge löschen, indem Sie sie markieren und anschließend auf die *Entfernen*-Taste tippen. Daraufhin werden Sie gefragt, ob Sie die ausgewählten Schlüssel tatsächlich löschen möchten, und wenn Sie dies bestätigen, werden die Einträge endgültig entfernt. Dies sollten Sie jedoch nur machen, wenn Sie sicher sind, dass die Änderungen keine negativen Auswirkungen auf andere Programme haben.

Als Mindestvorsichtsmaßnahme empfiehlt es sich in jedem Fall, vor einer Änderung an den Registrierungen eine Sicherungskopie der Registrierungsdatei vorzunehmen. Wählen Sie hierzu im Registrierungseditor den Befehl *Registrierung, Registrierungsdatei exportieren...*; dieser öffnet ein Dialogfeld, in dem Sie einen Speicherort sowie einen Namen für die Sicherungsdatei wählen können. Als Namenserweiterung ist *.reg* vorgesehen. Die Sicherungskopie umfasst alle Angaben der Windows *Registrierung* und kann leicht eine Größe von mehreren Megabyte haben. Sollten Sie die in der Sicherungsdatei gespeicherten Einstellungen später tatsächlich wieder in den Registrierungseditor übernehmen wollen, können Sie hierzu den Befehl *Registrierung, Registrierungsdatei importieren* verwenden.

Stichwortverzeichnis